어린이를 위한 성공스토리

꿈꾸는 부자 빌게이츠

김문기 글 | 전설화 그림

열린생각

머리말

　금빛 머리카락에 희고 갸름한 얼굴, 귀티 나는 뺨과 초롱초롱한 눈동자, 자유분방한 차림새와 명랑하게 웃는 빌게이츠의 모습은 우리에게 너무나도 잘 알려져 있습니다. 그리고 그런 그를 우리는 컴퓨터의 황제라고 부릅니다.

　미국 시애틀에서 태어난 빌 게이츠는 어려서부터 수학과 과학을 좋아하는 영리한 소년이었습니다. 유달리 컴퓨터에 흥미를 느낀 빌은 학교와 컴퓨터 전문회사 간에 전화선으로 컴퓨터를 사용할 수 있는 계약이 체결되자 그 기회를 놓치지 않았습니다. 밤늦도록 컴퓨터실에서 친구와 함께 게임을 만들며 컴퓨터의 작동 원리를 살펴보던 빌은 결국 컴퓨터 황제라는 칭호를 얻으며 마이크로소프트사(Microsoft)라는 세계 최고 기업의 경영자가 되었습니다. 또 그로 인한 기업 활동으로 엄청난 돈을 벌어들여 지금은 세계 최고의 부자로도 손꼽힙니다.

　이 모든 것은 그가 가슴 속 가득 꿈을 품고 그 꿈을 이루기 위해 아낌없는 열정을 쏟았기 때문에 가능했습니다.

자신의 꿈을 이룬 빌 게이츠는 가난과 질병으로 고통 받는 사람들 또한 외면하지 않고 그들을 위한 자선활동을 꾸준히 펼치며 절친한 친구들까지 봉사활동에 동참시켰습니다. 뿐만 아니라 최근 마이크로소프트사 회장 자리를 떠나면서도 앞으로 자신의 여생동안 소외받은 사람들을 돕기 위해 더욱 힘쓰겠다고 약속했습니다.

또 그는 하버드대학의 졸업식 단상에 올라 기업이 나아가야 할 방향에 대해 다음과 같이 연설해 많은 사람들의 공감을 샀습니다.

"기업은 가난한 사람들을 위한 제품과 서비스를 만드는데 중점을 두어야 합니다. 기업의 시스템은 자사의 수익을 올리는 동시에 자본주의 시장에서 혜택을 받지 못하는 수많은 사람들의 삶도 개선시키는 두 가지의 사명을 띠고 있어야 합니다."

빌이 주창한 것은 이른바 '창조적 자본주의' 라는 것으로 이는 기업이 돈을 버는 동시에 자선사업도 함께 벌이는 곧 비즈니스와 봉사활동이 하나로 결합된 이상적인 기업의 형태를 말합니다.

동시대에 살고 있는 빌 게이츠를 위인으로 평가하기에는 아직 이를 수도 있습니다. 하지만 그는 이미 이 시대에 가장 탁월한 업적과 빛나는 역사를 남기고 우리 어린이들로부터 선망과 존경을 한 몸에 받고 있습니다. 여기서 우리가 빌게이츠를 존경하고 본받아야 할 점들을 몇 가지 짚어 보면,

첫째,   그는 오로지 자신의 꿈과 열정으로 컴퓨터 황제와 세계 최고 갑부의 자리에 올랐습니다.

둘째,   가장 높은 자리에 있을 때 은퇴를 선언할 정도로 최고라고 자만하지 않고 겸손히 물러날 때를 알았습니다.

셋째, 그는 자신이 번 돈을 자신만을 위해 쓰지 않고 자선 재단을 만들고 사회에 환원하여 어려운 이웃을 돕고 있습니다.

넷째, 그는 컴퓨터에 관해서라면 멈추지 않고 늘 새로운 비전을 제시하였습니다.

현대 문명의 오른편에는 늘 빌 게이츠라는 인물이 자리하고 있습니다. 다양하고 뛰어난 소프트웨어들부터 Windows 운영체제, 또 인터넷 등 지금까지 그가 펼친 사업들은 그야말로 신화적인 성공을 거두었습니다.

위인전 형식으로 쓴 이 책은 빌 게이츠의 소년 시절을 시작으로 마이크로소프트 사를 창립한 스물한 살까지의 꿈과 열정을 주로 다루고 있습니다.

아무쪼록 미래의 주인공이 될 우리 어린이들 가슴에도 빌 게이츠를 오늘의 자리로 이끌었던 그 꿈과 열정이 함께 하길 바라는 동시에 새로운 신화 창조를 위해 끊임없이 도전했던 빌게이츠의 이야기가 에너지원이 되고 모범이 되기를 희망합니다.

이 책을 쓰는 지금, 언젠가 이 땅에 새로운 컴퓨터 황제가 혜성처럼 나타나기를 기다려 봅니다.

북한산 아래 우물길에서
저자 김문기

차례

- 01 컴퓨터실의 두 소년   8
- 02 레이크사이드 프로그래밍 그룹   30
- 03 다시는 컴퓨터를 만지지 않을 테야   48
- 04 푸른 계절의 고민들   59
- 05 명성은 날개를 달고   72
- 06 하버드대학에 진학한 후   88

07 모험과 승리의 나날　　　　104

08 마이크로소프트사의 탄생　　124

09 디스크 베이직 개발　　　　138

10 빌 게이츠의 큰 걸음　　　　155

11 이후의 빌 게이츠　　　　　169

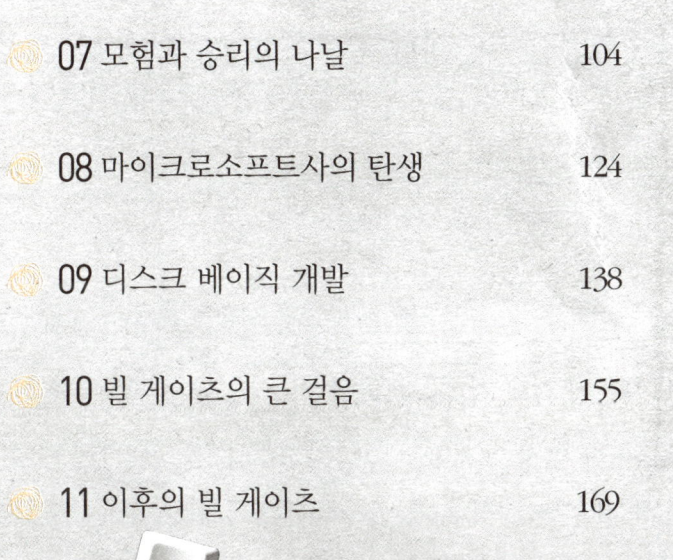

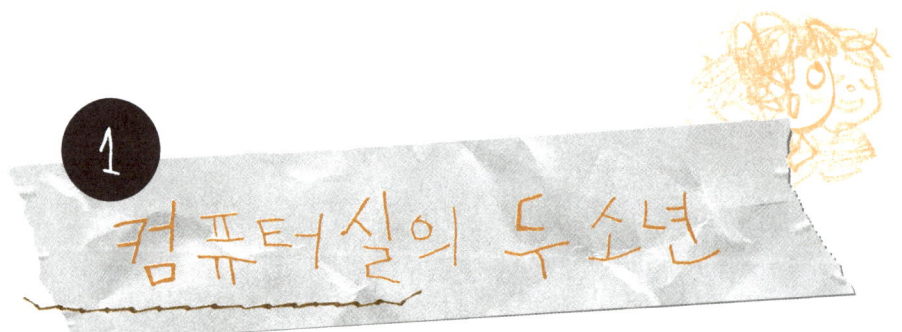

1 컴퓨터실의 두 소년

깊은 시간, 한 소년이 도둑고양이처럼 레이크사이드 학교로 들어갔습니다. 그 소년은 운동장을 지나 건물과 건물 사이로 발걸음을 옮긴 후, 계단을 통해 2층으로 후다닥 뛰어올라갔습니다.

소년이 컴퓨터실 문을 살짝 열자 안에서 누군가가 흐릿하게 비추고 있던 촛불을 획 끄면서 책상 뒤로 숨었습니다.

서로를 경계하며 잠시 침묵이 흘렀습니다. 이윽고 소년이 속삭이듯 말을 건넸습니다.

"빌, 나야. 폴이라고."

안쪽 책상 뒤로 숨었던 게이츠는 그제야 살금살금 밖으로 나왔습니다.

"휴. 폴이구나. 깜짝 놀랐네."

"뭘 그렇게 놀래니, 매일 오는데."

두 소년은 어둠 속에서 조심스레 창밖을 살폈습니다.

"아무한테도 들키지 않았지?"

"응, 그런데 경비 아저씨가 밤중에 순찰하실 지도 몰라."

게이츠는 조심스럽게 커튼을 쳤습니다. 그리고 둘은 약속이나 한 듯 나란히 •컴퓨터 단말기 앞에 앉았습니다.

자주 있었던 일이기에 그들은 이미 어두컴컴한 컴퓨터실의 이곳저곳을 환히 알고 있었습니다.

"또 게임을 만들고 있었니?"

앨런이 초에 불을 붙이고는 게이츠가 조작하는 컴퓨터 단말기를 들여다보았습니다.

"응. •삼목 게임이야."

"그건 며칠 전에 다 만들었잖아."

"너무 간단해서 재미가 없지 뭐야. 그래서 게임 규칙을 좀 더 어렵게 바꿔봤어."

"오호라, 그래? 재미있겠는 걸."

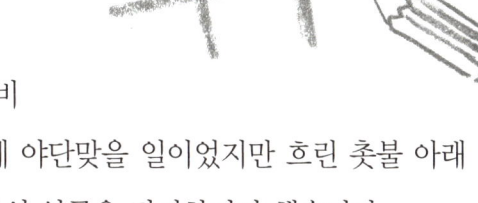

촛불이 타오르며 두 소년의 얼굴을 비추었습니다. 선생님에게 들키면 크게 야단맞을 일이었지만 흐린 촛불 아래 컴퓨터 단말기를 작동시키는 두 소년의 얼굴은 진지하기만 했습니다.

•**컴퓨터 단말기** 중앙에 있는 컴퓨터와 통신망으로 연결되어 있으며 데이터를 입력하거나 처리 결과를 출력하는 장치를 말합니다.

•**삼목 게임** 정사각형의 네모 3·3으로 이루어져 그 안에 어떤 법칙을 정하고 상대편과 네모칸에 O, X를 써 넣는 게임.

"빌, 비켜 봐. 내가 한번 게임을 해볼게."

"아직 안 됐는데……. 좋아, 한번 해봐."

앨런은 게이츠가 만든 삼목 게임을 실행시켰습니다.

"빌, 역시 너는 프로그램 작성에 천재야."

앨런을 바라보는 게이츠의 눈동자가 어둠 속에서 반짝 빛을 냈습니다.

이윽고 게이츠가 자신 있게 인쇄 명령어를 보내자 미리 켜 놓은 프린터가 칙칙거리더니 삼목 게임 결과를 출력했습니다.

게이츠가 프린터로 가 인쇄된 종이를 가져왔습니다.

"와, 이번에는 O가 이겼어. 지금까지는 X가 이기는 게임을 했는데."

"당연하지. 내가 그렇게 프로그램화했거든."

"하하하, 네가 O가 이기게 만들었구나!"

사실 삼목 게임은 종이와 연필만 있으면 간단히 할 수 있는 게임이었습니다. 그러나 멀리 떨어진 회사 건물에 있는 생전 보지도 못한 컴퓨터라는 기계가 전화선을 통해서 알지도 못하는 자신들의 명령에 따라 움직여주는 게 너무나 신기할 따름이었습니다.

게이츠와 앨런은 출력지의 게임 결과를 오래도록 쳐다보았습니다.

"나는 진짜 컴퓨터를 작동시키는 프로그램 언어를 좀 더 알고 싶어."

앨런이 자리에 앉으며 말하자 게이츠가 대꾸를 했습니다.

"●어셈블리 언어 같은 거 말야? 그건 무척 어려울 텐데……"

"그래도 꼭 배울 거야."

●어셈블리 언어 제일 처음 나온 컴퓨터 언어. 0과 1의 이진법으로 이루어져 프로그램을 만들 때 쓰이나 배우기가 너무 어려워 요즘은 거의 쓰이지 않습니다.

앨런은 예전부터 그 말을 자주 했습니다. 세상을 놀라게 할 컴퓨터 언어를 만드는 게 그의 결심이었습니다.

"나는 그보다 컴퓨터 프로그램을 만드는 게 더 재미있어."

"재미만 있으면 뭐하니? 자세히 가르쳐 주는 사람도 없는데……."

앨런이 투덜댔습니다. 사실 당시는 컴퓨터가 세상에 나온 지 얼마 되지 않은 때여서 선생님들조차 별로 컴퓨터에 대한 지식이 없었습니다.

"우리가 스스로 배우면 되지 뭐."

"계속 도둑고양이처럼 몰래 숨어서 공부하자구?"

시무룩해하는 앨런에게 게이츠는 웃으며 어깨를 다독거렸습니다.

"이렇게 공부하는 것도 나름 재미있잖아."

당시 레이크사이드 학교와 컴퓨터 전문 회사인 제너럴일렉트릭사 사이에는 정해진 시간동안 전화선으로 컴퓨터를 사용할 수 있는 계약이 체결되어 있었습니다. 덕분에 두 소년은 밤늦도록 컴퓨터실에서 게임을 만들면서 컴퓨터의 작동 원리에 대해 살펴볼 수 있었습니다.

"우리 교장 선생님은 참 멋진 분이야. 어떻게 이런 생각을 다 하셨을까? 생각해 봐. 이건 대단히 앞서가는 이벤트라고."

게이츠의 말에 앨런이 고개를 끄덕였습니다.

"하긴, 다른 학교에선 꿈도 못 꾸는 일이지."

"어디 가든 대장님을 잘 만나야 한다니까. 우리 아버지께서 그러시는데, 이곳 시애틀에서 우리 학교가 제일 좋은 학교래."

말을 하던 게이츠는 문득 교실 벽에 걸린 시계를 보았습니다.

"어? 벌써 시간이……. 너무 늦었다. 어머니께 혼날 텐데 어쩌지?"

"어서 가자."

늦은 밤, 게이츠가 살금살금 대문을 열고 들어서는데 정원에서 어머니가 기다리고 있었습니다.

"빌, 너무 늦었구나."

어머니는 사실 게이츠가 그때껏 어디에 있었는지 훤히 알고 있었습니다.

"아직 안 주무셨어요?"

"네가 늦게까지 안 들어오는데 어떻게 엄마가 잠을 자겠니?"

"죄송해요. 학교에 있었어요. 컴퓨터를 하다가 그만……."

"좋아. 하지만 빌, 학교 공부를 게을리 하면 안 된다. 컴퓨터는 나중에……."

어머니가 말끝을 흐리는 이유를 게이츠도 알아차렸습니다.

그래서 고개를 숙이며 '네.' 하고 얼른 대답했습니다.

어머니는 게이츠를 공부방까지 데려다 주었습니다.

"밤이 늦었으니 어서 자거라."

"책 좀 읽구요."

"무슨 책? 또 컴퓨터?"

게이츠의 공부방에는 그가 컴퓨터 놀이에 푹 빠져 있다는 걸 보여주듯 컴퓨터에 관한 책들이 수북했습니다. 게이츠는 그 중 하나를 집어 들었습니다. 새로 나온 ●마이크로프로세서에 관한 기사였습니다.

"빌! 어렸을 때부터 뭐가 되고 싶다고 했지?"

어머니가 뒤에서 게이츠를 와락 껴안으며 물었습니다. 그러자 컴퓨터 기사

●**마이크로프로세서** 새로 나온 컴퓨터의 중앙처리장치(CPU)를 말하며, 요즘의 486이니 펜티엄이니 하는 것도 이 마이크로프로세서의 성능을 두고 하는 말입니다.

를 읽던 게이츠는 눈을 반짝 뜨며 대답했습니다.

"백만장자요!"

자신 있게 대답했습니다.

어머니는 빙그레 미소를 지으셨습니다.

"아니야, 빌 너는 충분히 억만장자도 될 수 있어. 정말이란다."

어머니의 말을 들은 게이츠의 입에서 탄성이 절로 나왔습니다. 가슴이 뛰었습니다.

"와, 그래요. 엄마, 저는 꼭 억만장자가 될 거예요."

"그래. 엄마도 너를 믿어. 너는 분명 무엇이든 마음먹은 대로 해낼 거야."
어머니는 다시 게이츠를 껴안아 주었습니다.

13세 소년, 빌 게이츠!
그는 1955년 10월 28일 미국 북서 지방의 신세대 도시라 불리는 시애틀에서 태어났습니다. 아버지는 학식이 풍부하고 매사에 성실한 변호사로서 이웃의 존경을 한 몸에 받았습니다. 그리고 학교 선생님을 하다 그만 둔 어머니는 자선단체의 일을 맡아하며 다복한 가정을 꾸렸습니다. 어느 모로 보나 남부럽지 않은 가정이었습니다.
"빌, 일어나라. 식사시간이야."
아침이 되자 누나가 문을 두드리며 깨웠습니다.
"너무 졸린데……."
"밤늦도록 컴퓨터 장난이나 치니 그렇지. 빨리 일어나라고!"
누나의 성화에 게이츠는 눈을 부비며 일어나 목욕탕으로 들어갔습니다. 목욕탕에도 컴퓨터 관련 책이 하나 놓여 있었습니다.
"그 책 내가 버리려다 말았어."
누나가 얼굴을 쏙 내밀며 약을 올렸습니다.
"누나, 절대 내 허락 없이 책을 버리면 안 돼!"
"네가 그런 책 보는 거 아빠 엄마가 싫어하신다는 거 너도 알지?"
"하지만 군것질할 돈까지 모아 어렵게 산 책이라고."
게이츠는 세수를 하는 둥 마는 둥 하고는 부리나케 옷을 갈아입었습니다. 그리고 좀 늦게 서야 식탁으로 다가갔습니다.
"죄송해요."

게이츠는 아버지 어머니 앞에서 고개를 바로 들지 못했습니다.

"괜찮다. 빌! 어서 밥 먹어야지."

"네."

"그런데 빌, 요즘에 교회 성가대에서 네 얼굴이 보이지 않는 것 같구나."

아버지의 음성은 조용하고 자상했지만, 걱정하는 기색이 역력했고 게이츠도 그런 점을 모를 리 없었습니다.

"……."

"예전에 하던 보이스카우트 활동은?"

"실은 재미가 없어서……."

게이츠는 자신없는 듯 머뭇거리며 말했습니다.

그러자 어머니가 옆으로 다가와 게이츠의 어깨에 손을 얹으며 말했습니다.

"여보, 요즘 빌은 컴퓨터에 푹 빠져있어요."

"네. 저는 컴퓨터가 너무 재미있어요."

게이츠는 불쑥 소리치다시피 말했습니다. 컴퓨터에 관한 흥미는 게이츠에게 거의 본능적이었습니다. 게이츠는 매일같이 친구 앨런과 함께 컴퓨터에 관한 책을 읽으며 연구했습니다. 학교에 컴퓨터 단말기가 설치된 후로는 더욱 신나는 나날이었습니다.

아버지는 이해하지 못하겠다는 듯 고개를 갸웃거리더니 어머니를 바라보았습니다.

"그렇지만 컴퓨터에 대해 자세히 알고 가르쳐주는 선생님도 없잖소?"

"아직은 그래요."

"그런데 우리 빌이 컴퓨터를 어떻게 공부하는 거요?"

"혼자서요."

아버지는 수저를 내려놓으며 빌을 한번 보시고는 다시 어머니에게 시선을 돌리며 말씀하셨습니다.

"난 다만 빌이 컴퓨터에 푹 빠져서 공부를 소홀히 할까 걱정이요."

"저도 그래요."

"컴퓨터가 썩 전망이 밝은 분야도 아닌 것 같고……."

"그러게요……."

당시는 아직 컴퓨터가 널리 보급되던 때가 아니었습니다. 가정용 컴퓨터도 개발되지 않던 때였고 컴퓨터 한 대가 사무실 전체를 차지할 만큼 크고 그만큼 값비쌌습니다.

아버지는 걱정스러운 듯 한숨을 내쉬었습니다.

"학교에서 왜 컴퓨터를 정식으로 가르치지 않는 거겠소? 컴퓨터가 별다른 가치가 없으니까 그러는 게 아니요?"

당시 사람들은 컴퓨터가 주산이나 타자기보다 조금 더 나은 물건 정도로만 여겼습니다. 아버지의 불만과 걱정은 바로 그런 점에 있었습니다.

"빌, 너 진짜 컴퓨터 구경이라도 해본 적 있니?"

"아직……."

게이츠가 머뭇거리자 어머니가 대신 대답했습니다.

"학교 예산으로는 컴퓨터를 살 도리가 없대요. 너무 비싸거든요."

아버지는 잠시 생각에 잠기다 밥을 먹는 둥 마는 둥 하고 있는 게이츠를 바라보았습니다. 그 때에도 게이츠는 컴퓨터 프로그램 코드 작성에 대해 골똘히 생각에 잠겨 있었습니다. 그러다 아버지의 시선을 눈치 채고는 얼른 수저를 들었습니다.

아침 식사든 저녁 식사든 언제나 화기애애했던 게이츠의

집이었지만 게이츠가 컴퓨터에 푹 빠진 이후로는 조금씩 달라졌습니다. 식사 자리에서 아버지가 아들에 대해 걱정하는 얘기가 늘어나기 시작했습니다. 그러나 그 일로 게이츠를 직접적으로 나무라지는 않으셨습니다.

불편한 식사를 끝낸 게이츠는 얼른 방으로 들어와 컴퓨터 잡지에 실린 마이크로프로세서에 관한 기사를 읽었습니다. 뒤따라 들어온 어머니가 잡지를 보며 물었습니다.

"빌, 네가 이렇게 어려운 내용을 이해하는 거니?"

"네."

"가만 보니, 교수님들 논문인데?"

"그래도 대강은 이해할 수 있어요."

게이츠는 자신 있게 대답했습니다. 컴퓨터에 관한 그의 관심이 결코 장난이나 재미로 끝나지 않음을 보여주는 것이었습니다.

게이츠의 방을 나온 어머니가 아버지의 출근길을 배웅하며 말했습니다.

"여보, 그래도 말이에요. 레이크사이드 학교의 교장 선생님은 안목이 있으신 분이에요. 학생들에게 컴퓨터 언어를 가르치려는 노력이 대단하시거든요."

"훌륭하신 분이라는 건 나도 알고 있소."

"다른 학교에서는 어찌 꿈이나 꾸겠어요."

"제너럴일렉트릭사와 시간 분배 계약을 했다고 했소?"

"네. 컴퓨터를 가지고 있는 회사와 사용 시간을 정해 빌려 쓰는 방식이래

●**프로그램 코드 작성** 프로그램을 만들 명령 체계를 짜는 일로서, 프로그래머가 되기 위해서는 이 일에 전문적 지식을 쌓아야 합니다

요. 시간당 40달러씩 지불하는 거라서 돈이 많이 드는데, 자모회가 저번에 바자회를 열어 벌어들인 기금을 몽땅 교장 선생님께 드렸어요. 3천 달러 정도 되요. 그래서 그것으로 간신히 계약을 체결하셨다고 했어요."

학생들에게 새로운 기술을 가르치려는 교장 선생님의 진보적인 결정은 게이츠에게도 새로운 기회였습니다. 방안에 틀어박혀 소설책과 위인전을 읽으며 사색에만 빠져있던 게이츠에게 컴퓨터는 마치 신천지나 다름없었습니다.

'좋았어! 이번 기회에 컴퓨터를 확실히 배우고 말 거야.'

게이츠는 집에서든 학교에서든 각오를 단단히 다지며 빠른 속도로 컴퓨터를 배워 나갔습니다.

학교에서도 게이츠는 무척 총명한 아이였습니다.

"빌, 이 문제는 어떻게 풀면 될까?"

수학 시간이었습니다. 칠판에 열심히 수학공식을 적으며 설명을 하던 선생님이 게이츠에게 질문을 했습니다.

하지만 게이츠의 머릿속에는 온통 컴퓨터 생각뿐이었습니다. 미처 선생님께서 자신을 불렀다는 사실을 깨닫지 못한 게이츠는 여전히 생각 속에 잠겨 있었습니다. 침묵 가운데 반 친구들이 하나같이 게이츠를 쳐다보았습니다. 그제야 무언가 심상치 않음을 느낀 게이츠는 주위를 둘러보았고 이내 선생님의 목소리가 들려왔습니다.

"빌 잠깐 앞으로 나오렴."

게이츠가 앞으로 걸어 나가자 선생님은 눈을 지그시 뜬 채 금발의 소년 게이츠를 뚫어지게 쳐다보았습니다.

"빌, 이번에 치른 수학 시험에서 몇 점을 받았지?"

"800점 만점이요."

"좋아. 그렇다면 방금 전에 질문한 문제도 잘 알고 있겠구나, 그럼 문제를 푸는 대신 다른 것을 질문해도 되겠니?"

게이츠는 고개를 끄덕였습니다.

"무슨 생각을 그렇게 하고 있었니?"

컴퓨터 생각을 하고 있었다고 솔직히 말할까 고민하던 게이츠는 이내 입을 다물었습니다. 순간 컴퓨터에 빠진 자신을 걱정하시는 어머니와 아버지가 떠올랐기 때문이었습니다. 그런데 또 학교 수업시간에도 컴퓨터를 생각하느라 선생님께 불려나갔다고 하면 분명 부모님이 실망하실거라 생각되어 입이 좀처럼 떨어지지 않았습니다.

"저번 가정 통신문에 보니까, 네가 철학을 좋아한다고 하던데 혹시 철학에 대해 고민했니?"

게이츠는 고개를 저었습니다.

"그럼 과외로 한다던 트럼펫을 생각했니?"

게이츠는 고개를 저으며 조심스럽게 입을 열었습니다.

"실은 컴퓨터에 대해 생각하고 있었어요."

게이츠의 대답에 선생님은 빙그레 미소를 지으며 물었습니다.

"녀석, 컴퓨터가 그렇게 좋니?"

"네."

"빌, 선생님 생각은 이렇단다. 사람은 무엇이든 자신이 좋아하는 일을 해야 해. 물론 선생님도 너희들을 가르치는 것이 좋기 때문에 최선을 다하는 거란다. 하지만 어느 때에 좋아하는 일을 할지를 정하는 것에는 신중

해야 한단다. 만약 선생님이 수업시간에 수업을 안 하고 점심시간에 하게 되면 어떻겠니?"

"그건 싫어요."

"점심시간에는 운동장에서 축구를 해야 되요."

"저는 점심 먹고 낮잠을 자야 한단 말이에요."

여기저기서 아이들의 볼멘소리가 들려왔습니다. 선생님은 미소를 지으시며 게이츠를 바라보았습니다.

"마찬가지야 빌, 지금은 수업시간이고 수업을 들어야 되는 시간이란다. 그리고 수업을 잘 들으면 분명 네가 좋아하는 컴퓨터를 배우는 것에도 도움이 될 거라고 생각해. 마지막으로 난 가르치는 것이 좋아서 수업을 하고 있는데 너희들이 수업을 안 듣고 있다면 선생님도 속상하지 않겠니?"

선생님의 말에 게이츠는 죄송한 마음이 들었습니다. 고개를 숙이고 있는 게이츠에게 선생님이 어깨에 손을 얹으며 말씀하셨습니다.

"좋아, 빌. 그럼 이렇게 하자. 네가 선생님 수업을 세계 최고의 수업이라고 생각하고 들어준다면 나도 네가 세상에서 제일 컴퓨터를 잘하는 아이로 인정해줄게. 어때?"

선생님의 말씀에 게이츠는 그만 입가에 웃음이 번졌습니다. 혼날지도 모른다고 주눅 들어 있던 게이츠는 얼굴을 활짝 펴고 큰 소리로 대답했습니다.

"네! 이젠 수업 열심히 잘 들을게요."

선생님은 눈을 반짝이며 자신 있게 대답하는 게이츠의 씩씩한 행동이 마음에 들었습니다.

"좋아, 이제 자리로 돌아가 앉으렴."

선생님은 자기 자리로 돌아가는 게이츠를 바라보며 장래에 무엇을 하든 크게 성공하리라 믿었습니다. 그 만큼 게이츠는 또래 동급생에 비해 총명했습니다. 수학과 과학 시험엔 으레 전교 1등이었고 책도 누구보다 많이 읽었습니다. 또 무엇보다도 훌륭한 부모님의 남다른 사랑과 관심이 게이츠를 올바르게 성장시켰습니다.

컴퓨터는 1960년대 후반, 빌 게이츠의 나이 열 살 전후에 처음으로 등장했습니다. 당시 세계 컴퓨터 산업을 주도하던 나라는 미국이었습니다. 그 중에서도 사무기기를 주로 만들던 IBM이라는 회사가 새롭고 혁신적인 컴퓨터 산업을 주도하며 세계 컴퓨터 시장을 석권했습니다.
막강한 자본력과 세계 최고의 기술 및 정보력을 갖춘 IBM! 컴퓨터 업계에선 경쟁 상대 자체가 없었습니다.
IBM에 관한 정보는 신문이나 잡지를 통해 곧바로 어린 게이츠에게 전해졌습니다. 그런 컴퓨터 정보는 게이츠에게 가장 큰 관심거리였습니다.
"빌, 너는 집에만 틀어박혀 있구나."
절친한 친구인 폴 앨런이 손에 신문이 들고 게이츠를 찾아왔습니다.
"어서 와, 폴."
"IBM에 관한 기사를 읽다가 오는 길인데. 어, 너도 읽었구나!"
"그래. 지금 컴퓨터 업계엔 IBM만 살아있어. 마치 공룡처럼 혼자 활개 치고 있잖아. 은근히 반발심이 생긴다니깐."
"우리 절대 기죽지 말자."
게이츠와 앨런은 마주 앉은 채 굳게 입을 다물고 신문 기사만 읽었습니다. 어린 두 소년에게 막 태동하기 시작한 컴퓨터 산업은 그야말로 흥미로운 신천지였습니다.

"IBM은 꼭 혼자 뛰고 혼자 승리하는 마라토너 같아."

"그러게 말이야……."

그러나 어디에나 도전자가 있기 마련이었습니다. 당시 컴퓨터에 매력을 느끼는 젊은 프로그래머들이 곳곳에서 자신의 꿈을 키우려고 애를 쓰고 있었습니다. 번번이 IBM 제품에 패배를 당하면서도 그 꿈을 포기하지 않는 프로그래머들은 혼자서 혹은 그룹을 지어 컴퓨터가 펼쳐줄 꿈과 환상의 세계를 자기 것으로 만들기 위해 젊은 혈기를 아끼지 않았습니다.

세월이 흐르면서 본격적으로 IBM에 도전하는 회사들이 생겨나기 시작했습니다.

"●디지털이퀴프먼트? 대단한 회사네?"

"제 아무리 잘난 IBM이라도 뚫리는 구멍이 있었네."

"역시!"

게이츠와 앨런은 신문에 난 컴퓨터 관련 기사를 읽으며, 놀라움과 감탄을 금치 못했습니다.

신문 기사에 의하면, 철옹성 같은 IBM에 대항하여 디지털이퀴프먼트라는 작은 회사가 값도 싸고 성능도 전혀 손색이 없는 마이크로컴퓨터를 생산해 냈습니다.

"이건 신화와 같은 일이야. IBM 제품보다 더 잘 팔린다니!"

"그러게. IBM이 그 동안 잠을 자고 있었나 봐."

게이츠와 앨런뿐만이 아니라 사람들은 저마다 입에 침이 마르도록 디지털

●디지털이퀴프먼트 처음엔 3명이 모직공장의 한 구석을 빌려 회사를 설립했으며 전 세계 100여 개국에 회사를 거느릴 만큼 성장했습니다. 후에 컴퓨터를 생산하는 COMPAQ에 인수되었고 얼마전에는 프린터나 사무기기로 유명한 hp(hewlett-packard)와 합병되었습니다.

이퀴프먼트사의 쾌거를 칭찬했습니다. 특히 대학 연구실이나 회사 전산실에 파묻혀 컴퓨터를 연구하던 젊은이들의 가슴은 마냥 들떴습니다. 미약하나마 희망의 빛이 보인 것입니다. 그들의 마음은 벌써 그 빛의 저 너머에 먼저 뛰어가고 있었습니다.

IBM은 뒤늦게 디지털이퀴프먼트사가 만든 마이크로컴퓨터를 제압할 수 있는 새로운 경쟁 제품을 시장에 내놓았습니다. 하지만 이미 그들의 자존심은 크게 상처받은 뒤였습니다.

"이번엔 내가 한 번 도전해 볼까?"

"그래. IBM이 아직 손대지 않은 분야를 찾아보라고."

"좋아. 그래야 승산이 있을 거야."

컴퓨터에 관심이 있는 사람들마다 신문과 잡지를 읽으며 당장이라도 IBM의 아성을 무너뜨릴 각오를 다졌습니다.

빌 게이츠 역시 마찬가지였습니다. 다음 날, 집 뒷산을 힘차게 오르는 게이츠의 가슴에도 투지가 불타고 있었습니다.

"두고 보라구. IBM이 제 아무리 시장을 지배하고 있다고 해도 컴퓨터의 미래는 무궁무진해. 난 그 사람들이 하지 못한 일을 하고 말거야. 나는 할 수 있다고!"

게이츠는 산으로 올라 울창한 숲과 저 멀리 광활한 바다를 내려다보며 크게 소리 쳤습니다. 두 손을 불끈 쥐고는 아침 해를 가슴 벅차게 바라보았습니다.

그런데 아래쪽에 얼핏 친구 앨런이 보이는가 싶더니 어느새 한달음에 게이츠에게로 뛰어왔습니다.

"빌, 큰 일 났어!"

"아니, 왜?"

앨런은 가쁜 숨을 몰아쉬었습니다.

"우리 학교와 제너럴일렉트릭사 사이에 맺어진 계약이 깨졌대."

"뭐?"

게이츠는 순간 눈앞이 캄캄해지는 것 같았습니다.

"돈 때문이래. 학교 예산이 턱없이 부족하다지 뭐야. 교장 선생님께서 다시 자모회를 소집해서 도움을 요청한다고는 하시는데……."

"……."

할말을 잃은 게이츠는 쓸쓸하게 걸음을 옮겼습니다. 어쩌면 학교가 더 이상 컴퓨터 사용 계약을 이행할 수 없을지도 모른다는 걸 어머니로부터 먼저 전해듣긴 했지만 실제로 그날이 이렇게 빨리 올 줄은 몰랐던 것입니다.

"휴, 돈이 뭔지."

"이젠 어디서 컴퓨터를 하냐?"

게이츠와 앨런은 실망감을 감추지 못하고 허탈한 모습으로 산 아래로 내려갔습니다.

"그래도 그동안 우리에게 컴퓨터를 사용할 수 있게 해주신 교장 선생님께 감사하다고 말씀드리자."

게이츠는 애써 밝은 표정을 지으며 앨런을 툭 쳤습니다.

"오밤중에 도둑고양이 짓을 참 많이도 했잖아. 하하하."

"그래. 아마 우리 둘이 제일 많이 컴퓨터실을 사용했을 걸."

"그동안 너무 재미있었는데. 하하하."

두 소년은 함께 웃음을 터뜨렸습니다. 그동안 밤중에 몰래 학교 컴퓨터실에 들어가 게임프로그램을 작성하고 서로의 실력을 겨루기 위해 모의실험을 했던 추억이 새록새록 떠올라 그리웠습니다.

"그나저나 이젠 정말 다시는 컴퓨터를 만질 수 없게 되는 걸까?"

"걱정마. 곧 기회는 올 거야."

"힘들 텐데. 뭘."

"아냐. 곧 온대두. 내가 어젯밤 내내 앞날의 일을 그려 보았거든. 아주 멋있는 환상의 세계를 꿈꾸었어. 머지않아 컴퓨터가 급속도로 보급될 거야. 지금처럼 덩치가 큰 컴퓨터가 아니라, 아주 자그마해서 책상 위에 올려놓고 쓸 수 있는 것 말이야. 어쩌면 각 가정마다 컴퓨터가 한 대씩 보급될지도 몰라. 두고 봐. 아주 편리한 기계가 될거야."

"하하, 너 지금 진짜 꿈꾸고 있구나?"

앨런이 툭 치며 입을 삐쭉거리자 게이츠는 씽긋 웃었습니다.

"꿈을 꾸면 그것이 곧 현실로 바뀌는 거야. IBM이 못하면 내가 할 거야. 비록 지금은 컴퓨터 단말기가 학교에서 치워졌지만……."

"그래."

"폴, 우리는 그날을 위해 공부를 열심히 해두는 거야. 언젠가를 위해."

게이츠와 앨런은 다정하게 어깨동무를 하며 마저 산을 내려왔습니다.

2. 레이크사이드 프로그래밍 그룹

이크사이드 학교에서 컴퓨터 단말기가 치워지고 나자 게이츠에겐 컴퓨터를 다룰 수 있는 기회가 좀처럼 오지 않았습니다. 컴퓨터 책을 읽으며 무료한 시간을 달래던 게이츠는 이참에 자기가 직접 컴퓨터 회사를 차릴 결심을 했습니다. 그리고는 세부 계획을 공책에 빼곡히 작성했습니다.

'회사 이름을 뭐라 짓지? 그렇지! 우리 학교 이름을 따서 레이크사이드 프로그래밍 그룹이라 지으면 되겠구나.'

방안에서 혼자 이 생각 저 생각을 하며 회사 운영 방안을 연구하던 게이츠에게 친구 앨런이 찾아왔습니다.

"빌, 희소식이야. 저 앞 큰길가에 있는 컴퓨터센터사 알지? 그 회사에서 어제 PDP-10 컴퓨터를 들여놓았대. 이것 봐, 광고까지 크게 냈잖아."

앨런은 신문을 펼쳐 게이츠에게 내밀었습니다. 컴퓨터센터사는 워싱턴 대학 졸업생 몇 사람이 모여 창립한 회사로, IBM에 도전하겠다는 자신들의 거창한 꿈을 신문 광고로 냈습니다.

"다른 회사나 사용자들에게 시분할 방식으로 컴퓨터를 빌려준대."

"아무리 그래도 빌릴 돈은 있어야 하잖아."

게이츠와 앨런은 책상에 턱을 괴고 생각에 잠겼습니다. 집 가까이에 있는 회사에 ●PDP-10 컴퓨터가 있다는 건 더없는 행운이었습니다. 하지만 아직 학생인 그들로서는 컴퓨터를 빌려 쓸 돈이 없었습니다.

그때 갑자기 게이츠가 일어섰습니다.

"폴, 일단 한번 찾아가 보자."

앨런의 눈이 휘둥그레졌습니다.

"무작정 가서 어쩌려고?"

"돈은 없지만 그래도 우리에겐 지식도 있고 기술도 있잖아. 지금까지 학교 컴퓨터실에서 쌓은 실력으로 한번 부딪혀 보는 거야."

●PDP-10 디지털이퀴프먼트사가 초창기 때 만든 컴퓨터로, 세상 사람들 특히 IBM을 깜짝 놀라게 한 제품입니다.

앨런도 일어섰습니다.

"그래. 한번 가보자."

컴퓨터를 다룰 수 있는 좋은 기회를 그냥 두고 놓칠 게이츠와 앨런이 아니었습니다. 이렇듯 그들의 컴퓨터에 대한 열정은 누구에게도 뒤지지 않았습니다.

그러나 한편, 게이츠에겐 고민이 있었습니다. 아버지와 어머니는 게이츠가 법률가가 되기를 바라셨고 게이츠도 그 것을 잘 알고 있었습니다. 컴퓨터 회사를 찾아가고 싶은 마음 한편에는, 이 일로 혹시 가족들 모두에게 걱정을 끼치는 것이 아닐까 하는 걱정을 떨칠 수가 없었습니다.

갑자기 주춤하는 게이츠를 보자 앨런은 이유를 물었습니다. 게이츠는 솔직하게 자신의 심정을 털어놨습니다.

"어머니께서 아시면 걱정 하실거야. 부모님께서는 내가 법률가가 되길 간절히 바라시거든."

"그럼 진짜 법률가가 될 생각이야?"

"나도 잘 모르겠어. 근데 지금은 컴퓨터가 너무 재미있어."

"그럼 법률가가 되는 건 다음에 생각해, 친구! 우린 아직 어리니까."

앨런의 말에 힘을 얻은 게이츠는 살금살금 거실을 빠져나와 마당을 쏜살같이 내달렸습니다. 두 소년은 컴퓨터센터사 문을 밀고 들어가자마자 안을 살폈습니다. 한쪽 벽면에 PDP-10 컴퓨터가 웅장한 모습을 자랑하고 있었습니다. 게이츠와 앨런으로서는 생전 처음 보는 컴퓨터였습니다.

"와, 컴퓨터가 저렇게 생겼구나. 원래 저렇게 큰 물건이었나?"

"멋있다! 그런데 입력기가 어떤 거지?"

"저건 ●전원공급 장치고, 그런데 이건 무엇일까?"

게이츠는 얼른 PDP-10 컴퓨터로 다가가 부품들을 살펴보았습니다. 손놀림이 무척 빨랐습니다.

그런데 안쪽에서 사장인 듯한 사람이 뛰어왔습니다.

"거기 너희들은 누구냐? 이 녀석들, 빨리 안 나가!"

그는 컴퓨터 앞을 가로 막으며 게이츠와 앨런을 잔뜩 노려보았습니다.

그때 게이츠가 얼른 나서 말했습니다.

"저 실은 용건이 있어서 찾아왔습니다."

"용건? 어린 너희들이 무슨?"

당시 컴퓨터는 무척 비싼 물건이었기에 컴퓨터센터사 사장은 안절부절 못했습니다.

"다름이 아니라……. 저희들도 저 컴퓨터를 다룰 줄 알아요. 그냥 다루는 정도가 아니라 디지털이퀴프먼트사가 만든 저 컴퓨터에 대해 모르는 것이 없습니다."

하지만 사장은 못믿겠다는 표정으로 느닷없는 불청객인 게이츠와 앨런을 밖으로 자꾸 밀었습니다.

"진짜에요, 저희는 프로그램을 만드는데 뛰어난 실력이 있다니깐요."

이번에는 기술자로 보이는 한 사람이 코웃음을 치며 다가왔습니다.

"뭐? 너희들이 프로그램을 만들 줄 안다고? 허, 녀석들……."

그는 코웃음을 치며 게이츠의 머리를 쓰다듬었습니다. 말장난치는 귀염둥이로 보이는 모양이었습니다.

●**전원공급 장치** 요즘엔 컴퓨터 본체 안에 설치되어 있는데, 전기를 컴퓨터에 안정적으로 공급해 주는 장치입니다.

"정말이에요."

"쓸데없이 떠들지 말고, 빨리 집에 가서 공부나 하렴."

"아니에요, 진짜 할 수 있어요. 아저씨들보다 더 잘 한단 말이에요."

눈앞에 빤히 보이는 컴퓨터를 두고 그냥 나올 수 없었던 게이츠는 계속 고집을 부렸습니다.

"어허, 계속 까불테냐?"

이번에는 옆에 있던 앨런이 나섰습니다.

"정말입니다. 만약에 저희들이 저 컴퓨터를 다루는 실력이 아저씨보다 부족하다면 그땐 몽둥이로 때려도 좋습니다."

앨런이 비장하게 말하자 순간 사장의 표정이 움찔했습니다.

"그래요, 사장님 이 시대는 실력 싸움 아닙니까. 먼저 저희들의 능력을 테스트해 보시라니깐요."

게이츠와 앨런이 계속 자신만만한 태도를 보이자 컴퓨터센터사 사장은 고개를 갸웃거렸습니다.

"그럼 어디 너희들 실력 좀 확인해 보자. 실력 좋다고 떵떵거렸으니까."

사장은 게이츠와 앨런을 PDP-10 컴퓨터 앞으로 데려갔습니다.

"간혹 세상을 놀라게 하는 천재들이 있다는 이야기를 들어보긴 했지. 더욱이 컴퓨터에 관해서만큼은 네 말대로 나이로 따질 일이 아니니까. 어디 실력을 한번 보여 봐라."

"네. 저희들이 이 자리에 얼마나 앉고 싶었다고요."

게이츠와 앨런은 그동안 컴퓨터 책이라면 모조리 구입해 연구하고 또 일찍이 학교와 제너럴일렉트릭사 사이에 맺어진 컴퓨터 사용 계약을 통해 밤늦도록 컴퓨터 단말기로 실전을 쌓았기 때문에 이 정도의 테스트는 문제없었습니다.

"지금부터 제가 게임 프로그램을 만들어 보여 드릴테니깐 잘 보세요."

게이츠는 의자에 앉자마자 입력장치를 작동시켰습니다. 손놀림이 무척 빨랐습니다. 사장과 기술자들이 숨죽이며 지켜보는 것도 잠시 게이츠는 이내 게임 프로그램 하나를 만들어 냈습니다.

"어떻습니까. 저하고 이 게임 한번 해 보실래요?"

게이츠가 사장을 힐끔 쳐다보자 사장은 게이츠와 앨런의 손을 덥석 잡더니 얼른 그들을 응접실로 데리고 갔습니다.

"참으로 훌륭한 솜씨야. 너희들 컴퓨터를 어디서 배웠니?"

사장은 반가운 손님이 제 발로 찾아왔다며 연신 싱글벙글거렸습니다.

"책도 보고 학교에서 도둑고양이처럼 배웠어요. 그런데 아쉽게도 지금은 컴퓨터 단말기가 학교에서 치워졌어요."

"그래? 어느 학교에 다니지?"

"레이크사이드 학교에 다닙니다."

"좋은 학교에 다니는구나. 너희들만 좋다면 직원으로 채용하고 싶은데."

"정말요? 하지만 저희들은 아직 학생이고 회사에 취직할 생각은 없어요. 단지 저 컴퓨터를 아저씨들이 퇴근한 밤중에만이라도 마음껏 사용하도록 허락해 주세요. 낮에 아저씨들이 일한 다음, 그러니까 컴퓨터가 쉬고 있을 때만 말입니다."

"허, 녀석들! 컴퓨터를 그렇게도 다루고 싶니?"

컴퓨터센터사 사장은 잠시 고개를 갸웃거리며 생각하더니 이내 아주 좋은 생각이 떠오른 듯 직접 유리잔에 오렌지 주스를 따라와 건네주며 말을 이었습니다.

"좋아. 그 대신 밤중에 일을 좀 해 다오. 아마 너희들은 할 수 있을 거야. 무슨 일이냐 하면, 저 컴퓨터를 사용하다가 결함을 발견하면 종이에 꼬박꼬박 적어 놓는 거야. 가급적 많이."

"결함을요?"

"그래. 우리에겐 그 결함 목록이 꼭 필요하단다."

PDP-10 컴퓨터의 결함을 찾아내는 일쯤은 사실 게이츠와 앨런에겐 아주 쉬운 일이었습니다. 실전 경험은 없었지만 두 사람의 컴퓨터에 대한 의욕은 더없이 강렬했기에 무엇이든 할 수 있을 것 같았습니다.

"좋아요. 그럼 저희 '레이크사이드 프로그래밍 그룹'과 계약을 체결하시죠."

"뭐 계약을? 레이크사이드 프로그래밍 그룹이라니?"

사장은 놀란 얼굴이 되었습니다. 옆에 있던 앨런 역시 갑자기 무슨 말이냐는 표정을 짓는데, 게이츠가 빙그레 웃어 보였습니다.

"제가 바로 레이크사이드 프로그래밍 그룹의 대표입니다."

"그럼 네가 회사를 차렸다는 뜻이냐?"

"빌?"

게이츠는 옆에 앉은 앨런에게 잠자코 있으라는 눈짓을 주고는 사장을 바라보았습니다.

"머지않아 저와 제 친구들 네 명에서 정말 회사를 차릴 거예요. 제가 그 회사 이름을 미리 정한 거예요."

"허, 녀석들 보게? 좋다. 레이크사이드 프로그래밍 그룹과 계약을 체결하도록 하지. 그 대신 컴퓨터 결함을 찾아내는 일을 틀림없이 해야 한다."

그렇게 계약이 체결되고 그날부터 오후 6시만 되면 컴퓨터센터사에 이상한 근무 교대가 이루어졌습니다. 정규 기술자와 프로그래머들이 6시에 퇴근을 하고 나면 자전거를 타고 온 게이츠와 앨런이 교대 업무를 시작했습니다.

"우리가 이 회사에 출근하게 된 건 대단한 행운이야. 내 말솜씨에 사장님이 넘어가신 거지."

게이츠는 컴퓨터에 남다른 재능을 보이는 친구들인 앨런, 바일랜드, 에반스와 함께 컴퓨터센터사에서 일을 했습니다. 오랜 기다림 끝에 컴퓨터를 마음껏 다루게 된 터라 일을 하는 내내 마냥 즐거웠습니다.

"앞으로가 문제야. 우리들의 실력을 확실히 보여줘야 해."

"그래. 실력이 그저 그렇다고 소문나면 큰일이니까."

"그러면 당장 내쫓길지도 몰라. 잘 해야 돼."

컴퓨터에 잔뜩 매료된 게이츠와 친구들에겐 입출력 장치들로 가득 찬 컴퓨터센터사는 눈이 돌아갈 정도의 놀이터인 동시에 학습실이었습니다.

"밤이 되면 내가 이 컴퓨터센터사의 사장이라고."

"왜 네가 사장이냐?"

"기분이 그렇다 이거지."

게이츠와 친구들은 컴퓨터의 부품을 살피기에 바빴습니다.

"우리 오늘 여기서 밤을 새우자."

"그래. 나도 집에 가기 싫어."

레이크사이드 프로그래밍 그룹의 일원들은 밤을 꼬박 새우며 컴퓨터 단말기를 작동시켰습니다.

"어? 이거 결과가 이상한데?"

"여기서도 결함이 발견됐어."

"모두 적어 놔. 사장님이 보시면 좋아하실 거야."

사실 컴퓨터센터사는 디지털이퀴프먼트사로부터 PDP-10 컴퓨터를 구입할 때 한 가지 조건을 걸었습니다. 컴퓨터를 할부로 구입하되, 소프트웨어에서 결함이나 잘못된 결과물이 나타나면 그만큼 할부금 지불을 연기한다는 내용이었습니다.

"사장님이 머리를 쓰신 거지. 컴퓨터에서 하나하나 결함을 찾으려면 골치를 앓아야 하는데, 이런 점을 역이용해서 할부금 지불을 계속 연기하시려는 거야."

"아주 좋은 핑계로구나. 하하하."

게이츠는 자기가 마치 컴퓨터센터사 사장이 된 듯한 기분이었습니다.

"내가 컴퓨터를 만들면 이 따위로는 안 만들어. 이건 완전히 결함투성이에 불과하잖아."

하드웨어를 살피던 앨런은 진땀을 흘렸습니다.

"그런 것도 꼭 적어 놔."

"그래도 컴퓨터 자체는 너무 매력적이지 않아? 이것도 조금만 손질하면 썩 괜찮은 물건이 될 텐데······."

바일랜드와 에반스도 친구 게이츠를 따라오길 잘했다며 함께 열심히 일했습니다.

"나중에 내가 직접 회사를 차리면 이 정도가 아니라 고층 건물을 짓고 모든 시스템을 컴퓨터가 관리하게끔 할 거야. 그러기 위해서는 컴퓨터의 성능이 이보다 훨씬 뛰어나야 되겠지. 값도 훨씬 싸야겠고. 무엇보다도 마이크로프로세서가 필요해."

게이츠는 컴퓨터 단말기를 작동시키는 틈틈이 장차 회사를 차릴 계획을 세웠습니다.

"컴퓨터 회사를 차려서 미국 컴퓨터 시장을 지배할 거야."
"어허, 세계를 지배한다고 말해야지. 안 그래?"

밤을 꼬박 새우고 아침 8시가 되었습니다. 사장이 출근하자 게이츠는 밤새 도록 작성해 놓은 컴퓨터의 결함들을 적은 종이를 보여주었습니다.

"허, 결함이 이렇게 많아?"

"네."

"이거 참, 그래도 잘 됐어."

사장은 매우 만족스러워하더니 이내 디지털이퀴프먼트사에 전화를 걸었습니다.

"디지털이퀴프먼트사지요? 여기는 컴퓨터센터사인데, PDP-10 컴퓨터에 결함이 너무 많군요. 그러니 컴퓨터 성능이 믿을 수 있을 정도가 되면 그 때 할부금을 드리리다. 아, 정말이오. 결함을 빼곡히 적어놨소."

사장은 수화기를 내려놓고는 게이츠의 손을 잡았습니다.

"고맙다 애들아. 니들이 아주 복덩이들이구나."

"아휴, 내쫓지나 말아 주십시오."

"아무렴. 너희들은 과연 컴퓨터의 천재들이야. 처음 만났을 때부터 내가 알아 봤다니까."

사장뿐만 아니라 게이츠와 친구들 역시 더없이 만족스러웠습니다. 컴퓨터센터사 사장에게 실력을 인정받으며 소프트웨어와 하드웨어에 대한 지식을 나날이 쌓아간다는 기쁨에 피로도 잊은 채 매일같이 밤을 새우다시피 했습니다.

호기심과 탐구욕으로 가득 찬 그들의 PDP-10 컴퓨터에 대한 실험은 집요했습니다. 그로 인해 게이츠와 친구들이 찾아 작성한 컴퓨터 결함 일람표는 수십 페이지에 달할 정도였습니다.

그러던 어느 날, 게이츠는 컴퓨터의 가장 세밀한 부분까지 알아보려다 큰 실수를 저지르고 말았습니다.

"이 암호 보호 장치라는 걸 더 알고 싶단 말이지……."

게이츠가 컴퓨터 단말기의 암호 보호 장치에 손을 대려 하자 앨런이 손을 내저었습니다.

"안 돼! 빌. 그건 우리도 잘 모르는 부분이잖아!"

컴퓨터를 사용하려면 이름과 암호를 입력해서 정식으로 승인 받은 정보만을 이용할 수 있었습니다. 하지만 컴퓨터 대한 게이츠의 끝없는 호기심은 쉽게 멈춰지지 않았습니다.

"아냐, 이 암호 보호 장치를 꼭 해부해 보고 싶어. 이것 봐. 충분히 할 수 있는 거야. 풀린다니까."

"안된다니까, 건드리지 마!"

"할 수 있대두."

게이츠는 끝내 앨런의 만류에도 불구하고 컴퓨터 보안 시스템을 해부했습니다. 그것은 실로 모험적인 일이었습니다.

잠시 후 컴퓨터에 낯선 정보들이 출력되었습니다.

"자, 봐. 이런 게 여기에 있었잖아! 보라고!"

"정말 그러네!"

게이츠는 새로운 것을 알아냈다는 기쁨에 들떴습니다.

앨런도 놀란 눈으로 출력된 정보들을 보았습니다.

"이런게 이렇게 풀려 나오다니……."

"봤지? 암호 보호 장치만 풀면 세상의 정보가 다 내 손에 들어오는 거야. 어때. 내 실력?"

"역시 넌 천재야, 빌!"

그런데 앨런의 환호가 채 끝나기도 전에 갑자기 팍 하는 소리가 사무실을 울렸습니다. 컴퓨터 시스템이 한꺼번에 꺼져버린 것입니다.

"어? 이게 왜 이러지?"

아무리 컴퓨터 단말기를 작동시켜도 소용없었습니다.

이후 게이츠와 앨런은 컴퓨터를 고쳐 놓기 위해 비지땀을 흘려야 했습니다.

"아예 고장 났나 봐. 네가 성역을 침범한 거라구."

"자, 일단 고쳐보자구."

"무슨 수로? 그러게 내가 하지 말라고 그렇게 말렸는데……."

"이걸 어쩌지, 어쩜 좋아!"

게이츠가 아무리 컴퓨터를 고치려 해도 한 번 꺼져버린 전원은 도무지 들어올 생각을 하지 않았습니다. 그렇게 아침은 서서히 밝아 왔습니다.

사장과 기술자들이 사무실로 들어왔습니다.

"아니, 컴퓨터가 왜 이렇게 됐어?"

"이거 누가 그랬어?"

"어떤 놈이냐!"

화가 치밀어 오른 사장과 기술자들 앞에 게이츠가 고개를 숙이며 다가갔습니다. 밤새 컴퓨터를 고치느라고 갖은 고생을 다했던 게이츠의 얼굴은 창백한데다 파리해져 말이 아니었습니다. 서 있을 힘조차 없었습니다.

"제가 그랬습니다."

"그래? 바로 네 놈이구나. 어쩐지 제일 잘났다고 까불더니만!"

사장은 화를 못 참고 주먹을 불끈 쥐었습니다.

"죄송해요, 잘못했습니다."

게이츠는 고개를 푹 숙인 채 눈물을 흘리며 사장에게 용서를 빌었습니다.

그리고 너무 지쳐버린 그는 급기야 바닥에 맥없이 쓰러지고야 말았습니다.

"빌!"

친구들이 놀라서 게이츠에게 다가갔습니다. 앨런은 쓰러진 게이츠를 일으키며 사장에게 말했습니다.

"사장님, 빌도 밤새도록 고치려고 정말 많이 노력했습니다."

하지만 화가 머리끝까지 치밀어 오른 사장을 진정시킬 수 없었습니다.

"듣기 싫다! 당장 꺼져!"

게이츠는 가까스로 정신을 차리고 창백해진 얼굴을 들어 겨우 말했습니다.

"컴퓨터는 저 혼자 고장냈어요. 친구들은 절 말리고 도와준 것뿐이에요."

"시끄러! 네 이름이 빌 게이츠라고 했지? 경찰에 고소하기 전에 당장 꺼져! 학생만 아니었다면 교도소로 직행이야!"

게이츠는 갖은 폭언을 들으며 무거운 발걸음으로 컴퓨터센터사 문을 나섰습니다. 눈에서는 굵은 눈물이 뚝뚝 떨어졌습니다. 친구들의 충고를 만류하고 그 비싼 컴퓨터를 고장 낸 죄책감이 너무 컸습니다.

침울하게 상황을 지켜본 앨런과 나머지 친구들도 약속이나 한 듯 가방을 챙겼습니다.

"너희들은 왜 그래? 왜 가방을 챙기고 그래?"

친구들의 갑작스런 행동에 사장은 당황해 하며 붙잡았습니다.

"게이츠가 가면 저희들도 여기를 그만 두겠어요."

"무슨 소리야? 너희들은 남아서 계속 일을 해줘야지."

"싫습니다. 저희 보고 의리도 없는 놈이 되란 말씀인가요?"

앨런이 퉁명스럽게 말하자 사장은 어쩔 줄 몰라 했습니다.

"이건 의리 문제가 아냐. 저 녀석은 컴퓨터를 고장 냈기 때문에 여기 일을 그만두는 거잖아. 그 뿐이야. 너희들의 친구 관계는 전혀 변함이 없는 거라고."

앨런은 자신을 붙잡는 사장의 얼굴을 힐끔 보고는 잠시 생각에 잠겼습니다.

"그럼 빌에게 물어 보고 올게요."

앨런이 밖으로 나가자 바일랜드와 에반스도 따라 나갔습니다.

"빌, 잠깐만!"

앨런과 친구들은 자전거에 올라탄 게이츠를 부르며 뛰어갔습니다.

"우리도 그만 둘 테야. 네가 쫓겨나는 판에 우리만 어떻게 여기에 있겠어."

게이츠는 친구들을 향해 괜찮다는 듯 애써 웃어보였습니다.

"아냐. 너희들은 그냥 여기에 다녀. 여기가 아니면 당장 컴퓨터를 다룰 곳도 없잖아. 난 다음에 또 같이 일할 날이 있을 거야."

"빌!"

"괜찮아. 지금까지 컴퓨터를 마음껏 다루어 봤으니까. 나 때문에 우리 레이크사이드 프로그래밍 그룹 모두가 컴퓨터를 포기할 수는 없잖아."

게이츠는 눈물을 닦으며 친구들에게 씽긋 웃어보이고는 집을 향해 자전거를 몰았습니다. 고장난 컴퓨터 때문에 여전히 마음 한구석이 무거웠지만 친구들에게 한 말처럼 힘을 내기로 마음먹었습니다.

'실수는 했지만 포기하지는 않을 거야. 두고 봐. 언젠간 나도 진짜 컴퓨터 전문가가 될 테니까.'

게이츠는 마음속 깊이 앞날을 다짐하며 다시 자전거 페달을 힘차게 밟았습니다.

'어? 오늘은 어떤 기사가 났을까?'

게이츠는 신문 가판대 앞을 그냥 지나치지 못하고 멈춰 섰습니다. 컴퓨터 관련 신문엔 ●인텔에서 곧 새롭고도 획기적인 마이크로프로세서를 내놓을 예정이라는 기사가 실려 있었습니다. 순간 '아차!' 싶었습니다.

'허! 이러다간 내가 늦겠는 걸.'

●**인텔** 마이크로프로세서의 독보적인 생산업체로 MMX, 486, 펜티엄4, 현재의 쿼드코어 역시 인텔 제품입니다.

컴퓨터 산업이 긴박하게 돌아가고 있다는 걸 느낀 게이츠는 기사를 마저 읽으며 긴장과 초조함을 느꼈습니다.

3 다시는 컴퓨터를 만지지 않을테야

게이츠가 컴퓨터센터사에서 쫓겨나긴 했지만 레이크사이드 프로그래밍 그룹의 다른 세 멤버인 앨런과 바일랜드, 에반스는 학교 공부가 끝나면 곧바로 컴퓨터센터사로 갔습니다. 그들은 아직 학생들이었지만 전문 기술자들보다 실력이 뛰어났습니다. 이들이 PDP-10 컴퓨터에서 찾아낸 결함은 셀 수 없을 정도였습니다.

"이 놈의 컴퓨터는 본래 엉망진창이었군 그래."

"맞아. 이것 봐, 여기서도 오동작을 일으키잖아."

"이런 고철덩어리 컴퓨터를 만들어 놓고 세상을 놀라게 했다고 떠들어대다니, 휴. 한심하다, 한심해."

"어, 이렇게 계산하니까 답이 다르잖아. 뭐가 잘못된 거지?"

그들이 적어놓은 결함 목록 보고서는 자그마치 3백 페이지가 넘었습니다.

"빌은 지금 무얼 하고 있을까?"

"워싱턴대학 도서관으로 공부하러 다닌다고 했어."

"빌은 아마 직접 회사 차릴 계획을 세우고 있을 거야. 저번에 보니까 공책에 열심히 적어 놓았더라고. 우리 네 명을 공동 사장으로 해서 말이야."

"뭐? 그게 정말이야? 대단한데."

레이크사이드 프로그래밍 그룹은 비록 게이츠의 단독 제안으로 만들어진 회사였지만 멤버들의 우정과 결속력은 대단했습니다.

"오늘은 빌에게 한번 찾아가 보자. 격려도 해줄 겸."

게이츠가 옆에 없다는 건 세 친구에게 있어 여간 허전한 일이 아니었습니다. 그래서 그들은 하룻밤 동안의 결함 목록 작성을 마무리 짓고는 자전거를 타고 게이츠의 집으로 찾아갔습니다.

"안녕하세요!"

"그래. 너희들 왔니?"

친구들을 맞는 게이츠의 어머니는 걱정스런 표정을 지어보였습니다.

"빌 집에 있어요?"

"좀 전에 나갔단다. 그런데 너희들 요즘 뭘 하는 거니?"

"네? 저희는 그냥……."

"공부는 안하고 또 컴퓨터만 하는 것 같던데?"

앨런과 바일랜드와 에반스는 할 말을 잃었습니다.

"빌은 지금 워싱턴대학 도서관으로 공부하러 갔단다."

게이츠의 어머니는 철없어 보이는 소년들을 다시금 걱정스러운 듯 바라보았습니다.

물론 게이츠는 워싱턴대학 학생이 아니었습니다. 그러나 그는 매일같이 책가방을 싸서 워싱턴대학으로 찾아갔습니다. 집에서 ●컨트롤데이터사에서 개발한 사이버네트에 대해 혼자서 공부하던 게이츠는 어떻게든 컴퓨터를 다시 만져보고 싶은 욕심이 났습니다. 그래서 각 컴퓨터마다 사이버네트로 연결되어 있는 워싱턴 대학에 관심을 갖게 된 것입니다.

하루는 그런 게이츠를 보고 이상하게 여긴 직원 한명이 그를 불렀습니다.

"어려 보이는데, 어느 학과니?"

"저, 그게. 아직은 레이크사이드 고교에 다닙니다."

"그럼 그 학교로 가야지."

"저, 저희 선생님께서 PDP-10 컴퓨터에 대해 시험을 내주셨거든요."

"그런다고 네가 보면 뭘 알겠니?"

"구경하는 것도 공부잖아요."

공부 때문이라는 말에 직원들은 그에게 컴퓨터를 구경하는 것을 허락해주었습니다

게이츠는 PDP-10 컴퓨터를 찬찬히 살펴보고는 천진스러운 얼굴로 직원들에게 이것저것 물어보았습니다.

"이 컴퓨터 이름이 뭐예요? 어, 이거 전화선하고도 연결되어 있네요?"

"귀찮게······. 구경 다 했으면 좀 나가거라."

"시험에 나올지도 몰라요. 알려주세요."

"허, 녀석! 너 사이버네트라는 말은 들어보았니? 이 컴퓨터가 바로 전화선으로 거기에 연결된 거야. 이제 알겠니?"

●컨트롤데이터사 고성능 과학 기계와 공학 시스템을 생산해 내는데 있어 지금껏 가장 앞서가는 회사입니다.

컴퓨터실 직원이 그렇게 말했지만 사실 •사이버네트라는 말을 게이츠도 모를 리 없었습니다. 그것은 곧 컨트롤데이터사가 운영하는 컴퓨터 통신망에 연결되어 있다는 뜻이었습니다.

"저, 잠시만 여기 앉아 볼게요."

게이츠는 컴퓨터 단말기 앞에 있는 의자를 가리키며 애교를 떨었습니다.

"안돼!"

"잠깐만요."

"이 녀석, 정말 까불래?"

결국 게이츠는 컴퓨터 앞에 앉아보지도 못한 채 툴툴거리며 밖으로 나와야 했습니다. 그런데 그때 마침 매달 정기소방훈련이 시작되었고 컴퓨터실 직원들이 밖으로 우르르 몰려나왔습니다.

게이츠는 그 틈을 타 몰래 컴퓨터실로 들어와 창문으로 다가가 밖을 살펴보았습니다. 직원들은 금방 돌아올 것 같지는 않았습니다.

'오호, 아주 좋은 기회야!'

컴퓨터를 다루게 될 절호의 기회를 놓칠 리 없는 게이츠는 얼른 입력기 앞에 앉아 작동을 시켰습니다.

컴퓨터는 곧 사이버네트에 연결되었습니다.

다다다다─. 귀를 울리는 컴퓨터 작동 소리가 게이츠의 가슴을 조마조마하게 했지만 컴퓨터실 직원들은 다행히 아직 들어오지 않았습니다.

'이 프로그램을 주(州) 컴퓨터에 입력시켜 봐야지.'

•**사이버네트** 전화선을 통해 가상공간으로 연결시키는 것으로, 예전의 PC통신이나 요즘 누구나 사용하는 인터넷 역시 사이버네트라고 할 수 있습니다.

게이츠는 미리 가지고 온 게임프로그램을 컴퓨터에 입력시키고는 그것을 사이버네트에 연결된 모든 컴퓨터로 보냈습니다.

'자, 간다! 가! 누구든 내 프로그램을 재미삼아 사용해 보라구!'
게이츠의 순수한 호기심과 열정으로 만들어진 프로그램이 사이버네트에서 순조롭게 첫 항해를 시작하는 순간이었습니다. 그런데 그때 갑자기 청천벽력 같은 소리가 뒤에서 들려왔습니다.

"너, 이 녀석! 거기서 뭐하는 거야?"
컴퓨터실 직원은 다짜고짜 게이츠의 멱살을 움켜쥐었습니다.

"이 컴퓨터가 얼마짜리인데, 네가 함부로 건드려!"

"저도 PDP-10 컴퓨터를 다룰 줄 안단 말이에요."

"뭐야? 이런 애송이 녀석이!"

"정말입니다. 저 모니터 좀 보세요."

게이츠는 얼른 모니터를 가리켰습니다. 자신이 애송이 학생이 아니라 전문 프로그래머들보다 뛰어난 실력이 있다는 걸 확인시키고 싶었습니다. 하지만 게이츠가 기대했던 것과는 달리 모니터는 온통 암흑 상태였습니다.

다른 직원 하나가 부리나케 다가오더니 컴퓨터를 살펴보았습니다.

"어? 이거 왜 이래? 고장 났잖아!"

"뭐, 고장? 이런, 이런……."

다른 직원들도 컴퓨터로 몰려와 매달렸습니다. 그러나 아무리 전원을 껐다가 다시 올려 봐도 컴퓨터는 꼼짝하지 않았습니다.

"아!"

게이츠의 입에서 신음 소리가 나왔습니다.

"제가 다시 해볼게요."

하지만 게이츠가 아무리 고치려 해도 소용없었습니다. 이미 작동이 중지된 컴퓨터는 전혀 움직이지 않았습니다.

따르르릉.

그때 컴퓨터실로 전화가 한통 걸려왔습니다.

전화를 받은 직원이 소리쳤습니다.

"지금 네트워크에 연결된 모든 컴퓨터가 고장 나 버렸대!"

"네?"

게이츠는 눈앞이 깜깜해졌습니다.

"너 이 녀석! 이제 어떡할 거야?"

직원들은 화가 머리끝까지 치밀어 게이츠를 경찰에 신고해 버렸습니다. 곧 사이렌 소리가 들려 왔

고 게이츠는 곧바로 경찰서로 연행되었습니다.

'아, 나는 사고뭉치에 불과한 놈이야! 구제 불능이야!'

유치장에 갇힌 게이츠는 처음으로 자신의 컴퓨터에 대한 지금까지의 호기심과 탐구욕을 스스로 미워하며 자책했습니다.

뒤늦게 달려온 아버지의 도움으로 게이츠는 집으로 돌아올 수 있었습니다. 하지만 후회와 번민이 오래도록 그를 괴롭혔습니다. 컴퓨터 네트워크를 고장내버린 죄책감으로 인해 더이상 컴퓨터를 머리에 떠올리는 것조차 무서웠습니다.

'다시는 컴퓨터를 만지지 않을 테야. 정말 싫어.'

게이츠는 마음속으로 굳게 다짐했습니다.

이후 컴퓨터 책들을 모두 창고에 처박아 둔 채 게이츠는 고등학교 과정 2학년 내내 학교 공부에만 매달렸습니다. 사실 그것은 부모님이 애타게 바라던 일이었습니다.

"빌, 법학과나 경제학과에 들어가서 장차 아버지의 뒤를 이어 법률가가 되려므나. 무엇보다 네 앞날을 위해 말하는 거란다."

"네. 알겠습니다."

게이츠는 그 후로 대학 입시 공부에만 매달렸습니다.

그러던 어느 날, 레이크사이드 프로그래밍 그룹의 멤버들이 집으로 찾아왔습니다. 무슨 일 때문인지 그들은 맥이 확 풀린 꼴이었습니다.

"왜 그래? 무슨 일 있었어? 너희들은 매일 컴퓨터도 만질 수 있고 재미있을 텐데?"

게이츠의 물음에 앨런이 넋 나간 듯 대답했습니다.

"컴퓨터센터사가 파산했어."

"아니, 왜?"

"디지털이퀴프먼트사가 도저히 못 참겠다는 거야. 이제까지 모든 컴퓨터 사용 시간에 대한 비용을 지불해 달라고 했다더군."

컴퓨터센터사는 레이크사이드 프로그래밍 그룹 멤버들이 PDP-10 컴퓨터의 결함을 3백 페이지나 넘게 찾아내면서 그 핑계로 컴퓨터 구입비용 지불을 계속 연기해 왔습니다. 그러자 참다못한 디지털이퀴프먼트사가 기존의 계약을 파기하고는 비용 지불을 무조건 요구한 것입니다.

"컴퓨터센터사가 무슨 돈이 있다고 이제 와서 그 비용을 다 지불해."

"그러게 말야, 이젠 어디 가서 컴퓨터를 만지냐?"

레이크사이드 프로그래밍 그룹 멤버들에겐 참으로 우울한 소식이었습니다. 그 후 게이츠는 1년 정도 더 컴퓨터를 등진 채 대학 입시에만 매달렸습니다. 컴퓨터 분야를 개척하겠다는 꿈은 이미 멀어진지 오래고, 그는 가족들의 바람대로 법률가가 될 결심을 굳혔가는 듯 했습니다.

"빌, 법대에 진학하는 거지?"

입시 고민에 빠진 게이츠에게 어머니가 물었습니다.

"네. 그래야죠."

"훌륭한 법률가가 되어 아버지 일을 맡아 하면 좋겠구나."

게이츠의 부모님은 아들이 자신들의 바람대로 되어주기를 무엇보다도 희망했습니다.

"아버지, 저 법과대에 들어가겠어요."

게이츠가 고민을 털고 흔쾌히 법과대에 가겠다고 말하자 어머니는 눈을 반짝 뜨며 좋아했고 아버지 역시 게이츠의 등을 두드리며 기뻐했습니다.

"고맙구나, 빌! 컴퓨터는 이제 그만 하고 대학입시 공부만 열심히 해라. 대학에 들어가야 네 장래가 확실히 드러날 거야."

"그래, 이제야 네 길을 제대로 찾았구나."

아버지 어머니가 기뻐하시는 모습을 보자 게이츠도 더이상 다른 생각을 할 수 없었습니다. 그는 지난 일을 모두 털고 ●하버드대학 법대에 진학하기 위한 공부를 해나갔습니다.

●하버드대학 미국에서 뿐만 아니라 세계적으로 최고 명문 대학으로 꼽히며, 각 분야 지도자 및 전문가들을 수없이 배출하고 있습니다.

4 푸른계절의 고민들

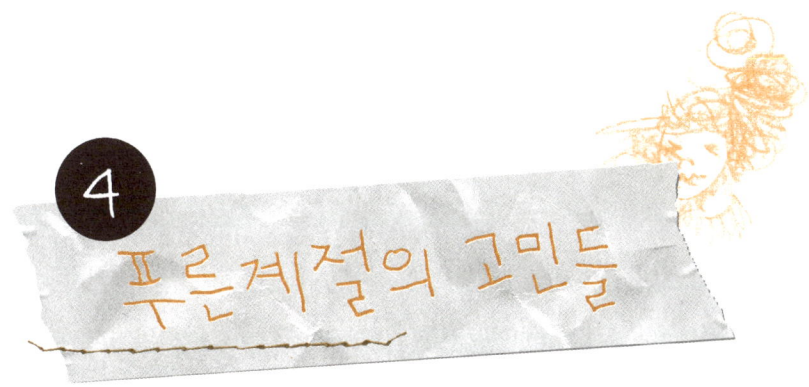

르르릉.

대학입시 준비에 열중하던 게이츠에게 컴퓨터 전문 회사인 정보과학사로부터 전화가 걸려왔습니다.

"여보세요?"

"자네가 빌 게이츠인가? 여기는 ●정보과학사라고 하네. 컴퓨터에 해박하다고 들었는데 우리를 좀 도와 줄 수 없겠나? 자세한 이야기는 만나서 하세."

뜻하지 않게도 게이츠에게 컴퓨터를 다룰 수 있는 기회가 다시 찾아왔습니

●**정보과학사** 소프트웨어를 개발하고 판매하는 회사로서, 빌 게이츠가 소년 시절 이 회사에서 실력을 갈고 닦았습니다.

다. 내심 기뻤지만 게이츠는 수화기를 든 채 어떻게 대답해야 할지 몰랐습니다. 주방에서 그런 게이츠를 보고 계시던 어머니가 근심스러운 얼굴로 다가왔습니다.

"무슨 전화니?"

"컴퓨터 회사예요."

"뭐?"

어머니는 순간 적이 놀란 표정을 지으며 잠시 안타까워하더니 뒤에서 게이츠를 껴안았습니다. 그리고는 손에 들려있는 수화기를 빼앗아 내려놓았습니다. 서로 간에 잠시 말이 없었습니다.

"빌, 너는 지금 대학입시에 열중해야 하잖니? 부탁이란다."

"알겠어요."

게이츠는 다시 공부방으로 들어갔습니다. 책상 위에는 시험용 책들이 수북하고 벽에도 입시공부 일정표가 빽빽히 붙여져 있었습니다.

'휴, 힘들어……'

입시공부를 해야 하는 게이츠였지만 정보과학사로부터 만나자는 연락을 받은 후로는 도저히 책이 눈에 들어오지 않았습니다. 그는 의자에 주저앉아 또다시 고민에 빠졌습니다.

그런 중에 앨런이 호들갑스럽게 집으로 뛰어 들어오며 소리쳤습니다.

"빌, 이것 좀 봐! 프로그램 작성 요청을 세 건이나 받았어!"

앨런이 흥분해서 소란스럽게 떠드는 데도 게이츠는 멍한 눈으로 대학입시 일정표만 바라보았습니다.

"빌?"

게이츠는 앨런이 불러도 돌아보지 않았습니다.

"왜 그래? 어머니 때문이야?"

앨런이 지레 짐작으로 묻자 게이츠가 고개를 끄덕였습니다.

앨런 역시 예전과는 달리 갈피를 잡지 못했습니다. 두 소년은 해쓱해진 얼굴로 고민만 늘어 갔습니다.

"어떡하지? 대학에는 들어가야 하는데……."

"나도 고민이다."

당시 컴퓨터계에서는 게이츠와 앨런, 두 10대 컴퓨터 천재들에 대한 명성이 자자했습니다. 숙달된 프로그래머가 드물었기에 그들이 학생이든 아니든, 뛰어난 실력만을 보고 인정을 받고 있었던 것입니다.

"아, 마음이 자꾸 흔들려. 도저히 안 되겠어."

얼굴을 손으로 문지르며 고민만 하던 게이츠가 불쑥 일어섰습니다. 그리고는 비장한 각오를 한 얼굴로 방을 나가 어머니 앞에 섰습니다.

"어머니!"

"왜 그러니, 빌?"

"저, 다시 컴퓨터를 만지고 싶어요."

게이츠가 단호하게 말했습니다. 어머니는 한동안 아무 말 없이 아들을 바라보더니 잠시 후 그의 어깨에 손을 얹으며 말했습니다.

"그렇게 컴퓨터가 하고 싶니?"

"네. 컴퓨터야말로 제가 정말 좋아하는 일이고 또 하고 싶은 일이에요. 이 회사에서도 제가 꼭 필요하대요. 하지만 입시공부도 소홀히 하지 않을게요. 약속드려요."

어머니는 잠시 눈을 지그시 감았다 다시 떴습니다.

"좋다, 네가 그렇게 하고 싶다고 하니 할 수 없구나. 대신에 입시공부를 소홀히 하지 않겠다는 약속은 꼭 지켜야 한다."

"와, 네. 고맙습니다, 어머니!"

게이츠는 자신을 믿어주는 어머니의 애정어린 마음을 새삼 확인하며 한없이 고마워했습니다.

앨런도 게이츠 옆에 서서 어머니에게 인사드렸습니다.

"감사합니다."

"그래. 너희들은 똑똑하고 총명하니까 잘 해낼 거야."

게이츠와 앨런은 한껏 부풀어 오른 마음을 주체하지 못하고 그 즉시 집을 뛰쳐나갔습니다.

"자, 우리는 이제 정말 바빠졌어!"

"그래. 프로그램을 작성해 달라는 요청이 다른 곳에서도 여러 차례 들어왔어. 그런데 내가 알아보니 정보과학사가 가장 최신 기종의 컴퓨터를 가지고 있더라."

"그래, 이젠 고철덩어리 입력기는 만지지 말자."

게이츠와 앨런이 정보과학사 문을 열고 들어가자 사장은 환하게 웃으며 반겨주었습니다.

소파에 앉자마자 사장이 단도직입적으로 얘기를 꺼냈습니다.

"너희들 실력은 이미 다 알고 있단다. 자, 우리와 어떻게 계약을 맺고 싶니?"

사장은 제 발로 찾아온 천재들을 다른 회사로 빼앗기게 될까봐 최고의 조건을 제시할 셈이었습니다. 그러나 게이츠의 생각은 좀 달랐습니다.

"저희들에게 돈은 필요없습니다. 그냥 컴퓨터만 마음껏 사용할 수 있도록 해 주십시오."

"허, 그래? 좋다. 그 대신 너희들도 내 부탁 한가지는 들어주어야 한다."

"뭔데요?"

"컴퓨터 프로그램에 관한 너희들의 전문 지식을 우리 회사에 아낌없이 제공해 주는 거지. 어떻겠니?"

"그야 물론 어렵지 않죠. 사장님, 일단 저기 앉아 보겠습니다."

게이츠는 컴퓨터 단말기 앞에 있는 의자를 가리켰습니다. 정보과학사 문을 열고 들어올 때부터 게이츠와 앨런의 관심은 오로지 컴퓨터에만 쏠린 터라 그까짓 계약은 사실 아무래도 상관없었습니다. 게이츠는 컴퓨터를 쳐다보기만 해도 가슴이 뛰었습니다.

"그래 어디 너희들 실력 좀 보자꾸나."

게이츠는 얼른 컴퓨터 단말기 앞에 앉아 시동을 걸었습니다. 집에서 책을 보며 공상하던 프로그램을 드디어 실제로 만들 수 있는 기회였습니다.

게이츠는 공책에 적어둔 프로그램 코드를 머리에 떠올리며 작업을 해나갔습니다.

잠시 후, 게이츠가 어렵지 않게 프로그램 하나를 완성하자 사장은 감탄을 아끼지 않았습니다.

"오, 대단한 실력이야! 와 줘서 고맙구나. 그럼 이제부터 회사에서 사용할 급료 지불용 자동 프로그램을 만들어 다오. 회사들마다 필요한 거니까 잘 팔릴 거야."

"좋아요. 어떤 프로그램 언어로 만들까요?"

"어떤 것이 좋겠니? ●코볼(COBOL)로 작성하는 게 어떨까?"

"그렇게 하겠습니다."

게이츠와 앨런에겐 일이 곧 재미였습니다. 둘은 그 재미를 무한대로 살리는 게 최고의 기쁨이자 행복이라 정보과학사 사장이 시키는 일을 열심히 했습니다.

또한 게이츠는 아침이면 여느 학생들처럼 학교로 가 열심히 공부했습니다. 어머니와의 약속을 지키기 위해서라도 게이츠는 공부를 게을리 하지 않았습니다. 게이츠는 공부와 컴퓨터과학사에서의 작업 외에는 어떤 것도 생각하지 않기로 했습니다.

어느 날, 교장 선생님이 급히 부른다는 말을 전갈을 받은 게이츠는 부리나

●**코볼(COBOL)** 사무용 프로그램 작성을 위해 만들어진 고급 프로그래밍 언어로 60년대 이후 가장 보편적으로 사용되고 있습니다.

케 교장실로 들어갔습니다.

"저를 찾으셨다구요?"

"그래, 빌. 어서 여기 앉아라."

게이츠가 소파에 앉자 교장 선생님은 유리컵에 주스를 따라서 가지고 왔습니다.

"입시 공부하기 힘들지? 이 주스 좀 마셔라."

"감사합니다. 그런데 무슨 일이신가요, 교장 선생님?"

"다른 게 아니라 네가 해줬으면 하는 일이 있단다."

교장 선생님은 마주앉은 수학의 천재이자 컴퓨터를 유난히 좋아하는 소년을 지긋이 바라보며 미소지었습니다. 훗날 레이크사이드 학교가 낳은 가장 위대한 인물이 바로 앞에 앉은 빌 게이츠가 될 거라는 벅찬 예감이 불현듯 머릿속으로 스쳐 지나갔습니다.

"빌, 학교를 위해 일 좀 해다오. 컴퓨터로 수업 시간표를 자동으로 작성해 주는 프로그램을 만들어 줄 수 있겠니?"

"네?"

"네 도움이 꼭 필요하단다. 해줄 수 있겠지?"

생각지도 못한 부탁을 받은 게이츠는 당혹스러웠습니다. 대학입시 공부도 해야 했고 또 저녁이면 정보과학사로 가 컴퓨터 일을 해야 했습니다.

"그렇지만 저는 우선 공부를 해야 합니다. 부모님과 약속한 것도 있고."

"알고 있어. 하지만 선생님들이 일일이 시간표를 작성하는 일이 너무 복잡하고 힘겹잖니. 툭하면 과밀 학급이 나오고 어떤 학급엔 몇 명밖에 없고……."

"저도 그 점은 알고 있습니다. 학급 관리가 효율적이지 않아 아이들 역시 불평이 많으니까요. 하지만 아무래도 이번 일은 못 할 것 같습니다."

"그래. 공부를 열심히 해야겠지. 네 아버지께서도 어제 학교에 찾아오셔서 공부 문제를 신신당부하셨는데……."

교장 선생님도 너무 무리한 부탁을 했다고 생각하셨는지 지그시 눈을 감았습니다. 고개를 숙인 채 망설이던 게이츠가 천천히 일어섰습니다.

"죄송합니다. 교장 선생님. 이만 가보겠습니다."

"잠깐만, 빌!"

뒤돌아 가는 게이츠를 교장 선생님이 다시 불렀습니다.

"저, 그래도 혹시 생각이 바뀌면 말해주렴."

게이츠는 교장 선생님의 부탁에도 불구하고 더 이상 프로그램 작성을 하지 않기로 했습니다. 사실 그때까지만 해도 그도 ●프로그래밍이 그의 인생에서 어떤 역할을 하게 될 지 확신이 서질 않았습니다. 컴퓨터를 다루고 싶은 마음은 굴뚝같지만 한편으론 부모님께서 원하시는 법률가의 길이 어쩌면 더 나을 것 같다는 생각도 들었습니다.

교실로 돌아와 공부를 하는 게이츠의 머릿속엔 교장 선생님의 부탁이 자꾸 맴돌았습니다.

게이츠의 거절로 수업 시간표를 작성하는 일은 갓 부임해 온 수학 선생님이 맡게 되었습니다. 그 일은 사실 어려운 작업이었습니다. 왜냐하면 학생들마다 각각 적성과 여건이 달랐고 수강하고 싶어 하는 과목이 달랐습니다. 그렇다고 학교 측에서 강제로 '너는 이 과목을 수강하라.' 할 수도 없는 노릇이어서 매 학기마다 모든 학급의 규모를 비슷하도록 편성하는 일은 정말 골

●프로그래밍 프로그램을 만드는 일을 말합니다.

칫거리였습니다.

그런데 얼마 지나지 않아 그 일을 맡아 하던 수학 선생님이 갑자기 불의의 비행기 사고로 그만 돌아가시고 말았습니다.

"빌, 교장 선생님이 부르신다."
친구의 말을 듣고 게이츠는 다시 교장실로 찾아갔습니다.
게이츠가 자리에 앉자마자 교장 선생님은 조용한 목소리로 말씀하셨습니다.

"빌, 수업 시간표를 짜는 일 때문에 지금 학교 사정이 다급하단다. 일이 이렇게 되었으니 네가 꼭 도와줬으면 좋겠구나."

교장 선생님의 재부탁에 게이츠는 고민에 빠졌습니다. 학교의 중요한 일이기도 하고 게이츠로서도 더 이상 어른의 부탁을 거절하기 힘들었습니다.

"알겠습니다. 하지만 저 혼자서는 힘듭니다."
"그래? 그럼 어느 선생님과 그 일을 하면 좋겠니?"
"선생님이 아니라, 제 친구 에반스입니다."
"그래? 알았다. 고맙구나."

교장 선생님은 게이츠의 손을 꼭 잡으며 기뻐하셨습니다.
그리하여 게이츠는 그날 이후로 수업이 끝나기 바쁘게 친구 에반스를 데리고 컴퓨터 작업실로 가서 수업 시간표 작성 프로그램을 만들기 시작했습니다.

그런데 이번에는 에반스가 등반 사고로 죽고 말았습니다.

"세상에, 이럴 수가!"

두 번의 죽음을 목격한 게이츠는 눈 앞이 캄캄해졌습니다. 그들은 모두 수업 시간표 작성 프로그램을 만들던 사람들이었습니다. 불길한 생각마저 밀려왔습니다.

하지만 게이츠는 애써 머리를 흔들며 불안을 떨쳐냈습니다. 수학 선생님과 친구 에반스의 죽음은 분명 게이츠에게도 커다란 충격이었지만, 그로 인해 자기에게 주어진 일에서 등을 돌려선 안된다고 생각하며, 나약해지려는 마음을 다잡았습니다.

교장선생님께서도 게이츠를 불러 말씀하셨습니다.

"빌, 남은 일을 계속 하거라. 친구의 죽음은 슬픈 일이지만 그로 인해 네 중심을 흔들리진 말거라."

게이츠는 다시 용기를 내고는 친구 앨런을 불렀습니다. 게이츠보다 세 살이나 더 많은 앨런은 이미 레이크사이드 학교를 졸업한 상태였지만 게이츠의 부탁을 거절하지 않고 와 주었습니다.

"폴, ●포트란(FOTRAN)으로 수업 시간표 작성 프로그램을 만드는 일인데 좀 도와줘."

"공짜는 아니겠지?"

"걱정마. 2년 동안 컴퓨터를 쓸 수 있는 사용 시간을 주신댔어. 그리고 용돈도 좀 생길지 몰라."

게이츠와 앨런은 밤늦도록 텅 빈 학교에 남아 수업 시간표 작성 프로그램을 만들기 시작했습니다. 전에는 몰래 컴퓨터 단말기를 사용했지만 이제는 아니었습니다. 또 합법적으로 2백 달러의 용돈까지 받으며 일을 했습니다.

●**포트란(FOTRAN)** 최초의 고급 컴퓨터 언어로 지금껏 꾸준히 확장되고 개선되어 과학과 공학 부분에 주로 활용되고 있습니다.

"빌, 이러다간 2년 동안의 컴퓨터 사용 시간을 우리가 몇 달 만에 다 쓰겠다."

"우리는 늘 이런 식이었잖아."

"남들은 우리가 대단한 일을 한다고 생각할 거야. 우리는 그냥 재미있어서 하는 건데. 그렇지 않아?"

"그러게, 하하하."

게이츠와 앨런은 함께 웃었습니다.

"그런데 그 반은 학생 구성이 조금 이상한 것 같은데?"

게이츠가 하는 일을 넘겨다보던 앨런이 고개를 갸웃거렸습니다. 그러자 게이츠가 짓궂은 웃음을 지어보이며 대답했습니다.

"수학 과목을 듣는 반엔 예쁜 여자 애들이 무척 많거든. 그래서 남자라곤 나 하나밖에 없게 해놨어. 어때?"

"야, 너 그런 장난을?"

"내 맘이잖아. 모든 반의 학생 수만 같도록 하면 되니깐. 하하하."

늦은 밤, 게이츠가 집으로 돌아오는데 다른 날과는 달리 모처럼 아버지가 대문 앞을 지키고 있었습니다.

"아버지……."

게이츠는 당황하며 꼭 죄를 지은 것처럼 어쩔 줄 몰라 했습니다.

아버지는 아무 말이 없이 게이츠에게 책 한 권을 건네고는 먼저 집안으로 들어가셨습니다.

"아버지!"

게이츠가 아무리 불러도 아버지는 뒤돌아보지 않으셨습니다.

의아하게 여기며 게이츠는 정원의 흐린 등불 아래로 다가가 아버지가 주신 책의 표지를 살펴보았습니다. 그것은 놀랍게도 평소 게이츠가 그토록 사보고 싶어 하던 컴퓨터책이었습니다. 컴퓨터 장난은 아예 집어치우고 하버드 법과 대학에 들어가야 한다고 늘 강조하시던 바로 그 아버지가 직접 컴퓨터책을 사주시다니! 게이츠는 책을 가슴에 품으며 벅찬 감격에 눈시울이 붉어졌습니다.

5 명성은 날개를 달고

19 71년 가을, 컴퓨터 잡지를 구해 읽던 열여섯 살의 게이츠의 눈에 확 띄는 기사가 있었습니다. 인텔이란 회사가 8008이라는 새로운 소형 마이크로프로세서를 개발한 것이었습니다.

'와, 수백 만 개의 작은 회로를 한 개의 실리콘 칩에 담아내다니 참 대단하네!'

프로세서란 컴퓨터 기억장치에 들어온 정보를 처리해 주는 칩을 말하는데, 인텔의 새 제품은 컴퓨터계의 특급 뉴스였습니다. 입시공부를 하던 게이츠의 마음을 사로잡기에도 충분했습니다.

그때 집으로 앨런이 찾아왔습니다. 그는 이미 워싱턴주립대학교에 진학했지만 컴퓨터에 관해서는 게이츠와 여전히 각별한 사이였습니다.

"폴, 대학 생활은 어때?"

앨런은 진저리가 나는 듯 머리를 흔들었습니다.

"짜증나 미치겠어."

"왜? 컴퓨터과학과에 들어갔으니 좋을 텐데?"

"좋기는, 낡아빠진 이론이나 공부하는 게 너무 짜증난다고. 그건 그렇고, 우리 재미있는 일 좀 하자."

앨런은 주머니에서 펀치카드 하나를 꺼내놓았습니다.

"이걸 왜 가져왔어?"

당시 시가지의 교차로나 고속도로에는 교통의 흐름을 분석하는 조그만 회색 상자가 설치되어 있었습니다. 앨런이 꺼내놓은 건 그 상자 안에 들어 있던 펀치카드였습니다. 그것은 교통량이나 차들의 주행 방향에 따라 자동으로 펀치 숫자가 나타나도록 하는 것이었습니다.

"빌, 컴퓨터로 이런 펀치카드를 분석해 내면 어떨까?"

"뭐?"

"생각해 봐. 사람이 일일이 확인하고 펀치 숫자를 세는 것보다는 컴퓨터가 자동으로 처리하는 게 훨씬 빠르고 정확하겠지? 실은 시청의 교통 담당자가 나한테 이것의 가능성을 물어 왔어. 고속도로 건설 자금을 상급 기관에서 타내야 하는데 훨씬 빠르고 정확한 작업이 필요하다는 거야."

"연구해보면 아마 컴퓨터로 가능할 거야."

"그렇지! 그래서 내가 너를 찾아온 거라고. 잘만 하면 큰 돈도 벌 수 있어."

게이츠와 앨런은 즉시 거리로 나갔습니다. 일을 하기 위해서는 무엇보다도 컴퓨터가 필요했습니다. 하지만 애당초 컴퓨터를 산다는 건 그들에게 있어 무리였습니다. 현실을 깨달으며 의기소침해진 두 사람은 헤어져 각자 집으로 돌아갔습니다.

그런데 밤중에 앨런이 또 게이츠를 찾아왔습니다.

"빌, 좀 전에 인텔이 개발했다는 8008 기사를 읽었거든. 그것으로 우리가 직접 컴퓨터를 만들면 어떨까?"

인텔은 일찍이 4004 프로세서를 개발했습니다. 예전 같으면 방 하나를 온통 차지할 만큼의 회로와 전선들을 축소하여 실리콘 칩에 집적한 프로세서일 것입니다. 그러나 그 4004는 소프트웨어 작성과 같은 업무를 수행하기에는 기능이 부족했습니다. 그래서 가전제품의 •제어 장치로밖에 쓸 수가 없었습니다.

"8008 프로세서는 4004보다 훨씬 뛰어난 제품이잖아."

"그렇긴 하지만……."

게이츠도 이미 아침에 잡지를 통해 8008에 관한 글을 읽었지만 뾰족한 대답을 할 수 없었습니다.

"일단 8008 프로세서를 구해 일을 해보는 거야. 그리고 우선 그 칩을 사용할 수 있도록 프로그램부터 만들어 보자구. 베이직으로 만들면 어떨까?"

"아직 이른 생각이야."

게이츠는 속상하다는 듯이, 앨런의 말을 가로막았습니다.

"아니, 왜?"

"오늘 하루 종일 8008을 분석해 보았거든. 그 결과, 실질적인 프로그램을 만들기에는 8008도 역부족이었어. 너무 느리다고. 솔직히 •베이직(BASIC)으로 만든 프로그램이 잘 돌아갈지도 의문이야."

•제어 장치 기계가 알맞게 작동되도록 조절해 주는 장치를 말합니다.
•베이직(BASIC) 간편하고 배우기 쉽게 만들어진 프로그램 언어로 마이크로김퓨터용 프로그램을 만드는 일에 활용되고 있습니다.

"그래서? 하지 말자구?"

"8008로는 프로그램을 만들 가치가 없어."

"그렇지만, 빌!"

친구 사이에 자존심 대결이 격해졌습니다. 앨런도 컴퓨터에 관해서만큼은

게이츠의 실력이 더 뛰어나다는 점을 알고 있었습니다. 하지만 그렇다고 게이츠에게 마냥 지고 싶지는 않았습니다.

"빌, 우리가 먼 훗날이나 기다려야 되겠어? 방에 앉아서 아주 훌륭한 칩이 만들어질 날이나 기다려야 하냐고?"

앨런의 설득에 게이츠는 눈을 깜빡였습니다.

"그래. 네 말이 맞다. 먼 훗날이나 기다리면 우리는 언제나 낙오자겠지."

둘은 막역한 친구 사이였기에 상대의 마음을 헤아려 위로하고 격려할 수 있었습니다.

결국 게이츠와 앨런은 8008 프로세서로 직접 컴퓨터를 만들기로 했습니다. 교통 흐름 파악용 펀치카드를 효율적으로 분석하고 통계를 낼 수 있는 컴퓨터였습니다.

"자, 일을 서두르자. 우선 인텔의 8008 프로세서부터 사야겠어."

"일단 각자 부모님께 부탁해 보자."

게이츠와 앨런은 우선 부모님에게 부탁해 모은 돈으로 8008 프로세서를 3백 60달러에 샀습니다.

"어차피 일을 벌였으니 회사 이름도 지어야지. 뭐라고 할까?"

그들에겐 사실 아직 사무실도 없고 자산도 없었습니다. 그렇지만 앞으로 펼쳐 나갈 꿈만은 참으로 원대했습니다. 게이츠와 앨런은 상징적인 의미가 담긴 '트래프-오-데이터(Traff-O-Data: 교통자료 포착)'로 회사 이름을 지었습니다.

어느 날, 밖에 나갔던 게이츠가 빙그레 웃으며 들어왔습니다.
"폴, 나 취직했어."
앨런은 뜻밖이었습니다.
"뭐? 취직이라니? 너는 우리 회사 사장이잖아."
"알아. 이건 그냥 부업으로 하는 거야."
앨런은 무슨 뜻인지 몰라 고개를 갸웃거렸습니다.
"무슨 말이니?"
"오늘부터 국회의원 수행원 일을 하게 되었어. 물론 우리 회사 일을 다 끝낸 시간에."
"뭐?"
당시는 미국 전역이 대통령 선거로 시끄러울 때였고 조지 맥거번과 리처드 닉슨의 대결이 주요 관심사였습니다. 선거가 아주 치열하여 누가 대통령에 당선될 지 예측하기 힘들었습니다.
"네가 하는 일이라는 게 그래 국회의원을 수행하는 일이냐? 그런데 도대체 왜 그런 일을 하는 거야?"
앨런이 핀잔을 주자 게이츠는 봉지에서 배지 묶음을 풀어놓으며 다시 빙그레 웃었습니다.
"바로 이거 때문이지. 민주당의 맥거번 대통령 후보와 이글톤 부통령 후보

예상자를 나란히 새겨 넣은 배지거든."
"그런데 그게 뭐?"
"이걸 1개에 3센트씩 주고 5천 개를 샀거든."

"그러니깐 왜 이런 걸 사 왔냐고?"

앨런이 자꾸 묻자 게이츠는 의미심장한 표정을 지어 보였습니다.

"나중에 봐. 이글톤이 민주당 공식 후보에서 탈락해 버릴 거야. 그러면 이 배지가 어떻게 될까? 그때는 취미 수집가들에게 이 배지를 20달러도 넘게 되팔 수 있지 않겠어?"

게이츠의 예상은 적중했습니다. 이글톤이 부통령 후보에서 탈락하자 희소성의 가치가 생긴 그 배지는 가격이 폭등했습니다. 그러자 게이츠는 개당 20달러 25센트씩 받고 되팔았습니다.

"빌, 진짜 너는 천재야, 천재!"

앨런은 게이츠를 칭찬하며 얼른 사무실 안으로 밀었습니다.

사무실에는 전자 기술자에게 주문한 커다란 기계가 놓여 있었습니다. 마이크로컴퓨터의 조상격인 그 기계는 사실 세련미나 정교함은 전혀 없었습니다. 전선들도 마구 엉켜 있는데다 모양도 볼품없었습니다.

"이 •모의실험 장치에 맞게 어셈블리 언어로 프로그램을 작성해 봐."

"알았어."

다른 사람이 하지 않은 일을 처음으로 시도한다는 건 힘들었습니다. 게이츠와 앨런이 밤낮으로 프로그램을 만든다지만 참 오래 걸리는 일이었습니다. 그렇다고 여기서 포기하기는 더 싫었습니다.

"와, 이제야 성공이다!"

게이츠가 소리치자 앨런이 뛰어왔습니다.

게이츠가 애써 만든 프로그램을 모의실험 장치에 입력하고 입력기를 작동

•모의실험 장치 컴퓨터가 없는 경우에, 컴퓨터 흉내를 낼 수 있도록 만들어놓은 기계입니다.

시켰습니다. 그러자 모의실험 장치가 펀치카드를 분석하여 곧바로 관련 데이터를 출력했습니다.

"됐다. 훌륭해!"

"이 프로그램은 우리가 세계 최초로 만든 거야."

게이츠와 앨런은 기쁨을 감추지 못하고 환호성을 질렀습니다.

그날부터 게이츠와 앨런은 미국뿐만 아니라 캐나다의 교통 감시 책임 기관에 편지를 쓰기 시작했습니다.

"친애하는 교통국장님, 교통의 흐름을 분석하는 일은 참 어려운 일이라 생각됩니다. 그 고된 작업을 하시느라 얼마나 수고가 많습니까? 이렇게 편지를 써야겠어. 하하하."

"그래도 편지는 정중하게 써야 돼."

"알았어."

게이츠와 앨런은 자신들의 첫 번째 회사 '트래프-오-데이터' 의 이름으로 교통 흐름에 관한 보고를 해주겠다는 편지를 써서 각 기관에 제안을 했고 그 반응은 대단하여 각 기관마다 주문 요청이 잇따랐습니다.

"이야, 대성공이야!"

"이제 우리의 명성이 전국으로 퍼져 나가게 되었어!"

'트래프-오-데이터' 의 성공은 집요한 탐구와 추진력의 결과였습니다. 그로 인해 게이츠와 앨런의 명성은 곧 전국으로 퍼져나갔고 또 그들은 컴퓨터 관련 기자들의 단골 인터뷰 대상자가 되었습니다.

당시 미국에는 TRW라는 방위산업체가 있었습니다. 이곳은 태평양 북서 지방의 많은 댐들을 감시하고 조정하는 회사였습니다. 그런데 전력량을 비교 분석하는 일을 수작업으로 하다 보니 여간 복잡하고 힘든 것이 아니었습니다.

"전력량 비교분석을 컴퓨터 시스템화하는 사업을 빨리 해야 하는데……."

TRW의 사장을 비롯하여 그곳 직원들 모두 고민에 빠졌습니다.

"저것도 컴퓨터라고, 젠장!"

사장은 PDP-10 컴퓨터를 흘겨보며 원망을 했습니다.

사실 PDP-10 컴퓨터에는 결함이 너무 많았습니다. 아무리 진땀을 흘려가며 프로그램을 만들어 놓아도 기다렸다는 듯 오작동을 일으켰습니다.

"사장님, 저걸 만든 회사에 손해 배상금을 청구해야겠어요."
직원 하나가 사장 앞으로 다가왔습니다.
"업무 지연이 너무 심하잖아요. 이러다간 평생 가도 프로그램을 못 만듭니다."
사장도 화가 나 자리에서 일어섰습니다. 그렇다고 컴퓨터 회사에 소송을 걸기도 난감했습니다. 분풀이를 하는 것쯤은 가능했지만, 그보다 계획된 일을 하루 빨리 진행시키는 일이 더 중요했습니다.
"사장님, 신문 광고를 내 보시죠."
"광고? 그럼 해결할 수 있을까?"
"어딘가에서 PDP-10 컴퓨터의 결함을 고칠 수 있는 전문가가 나타날지도 모르니까요."
"공연히 창피만 당하지 않을까……."
TRW 사장은 며칠을 고민한 끝에 마지막 수단으로 자신들의 문제를 해결해 줄 전문가를 찾기로 했습니다.
얼마 후, 어떤 사람이 TRW에 찾아왔습니다.
"컴퓨터 잡지에 실린 광고를 보고 찾아왔습니다."
"아, 저희 회사 문제를 해결해 주실 수 있나요?"
TRW 사장은 찾아온 사람을 보자마자 다급하게 물었습니다.
"제가 아니고요. 우연한 기회에 컴퓨터센터사에서 만든 프로그램 보고서를 읽어보게 되었습니다. 이것 좀 보세요."
찾아온 기술자는 사장에게 3백 페이지가 넘는 보고서를 내밀었습니다. 그 안에는 PDP-10 컴퓨터의 결함이 놀라울 정도로 상세하게 기록되어 있었습니다.

"아니, 대체 이걸 누가 만든 거요? 이 정도 실력이라면……."
사장은 입을 다물지 못하고 페이지마다 훑어보았습니다.
 "거기 적혀 있잖습니까."
 "빌 게이츠? 폴 앨런?"
사장은 PDP-10 컴퓨터의 결함 발견자로서 보고서의 모든 페이지에 이름이 적혀있는 레이크사이드 프로그래밍 그룹 멤버들 이름을 읽어 나갔습니다.
 "참 대단한 실력이지 않습니까?"
 "그렇소. 이 정도로 보고서를 만든 기술자들이라면 우리의 문제를 충분히 해결해 줄 거요."

사장은 오래간만에 밝은 얼굴을 지어보였습니다.

"어서 레이크사이드 프로그래밍 그룹의 멤버들을 찾아보시오!"

사장은 부하 직원에게 지시했습니다. 이제 TRW가 게이츠와 앨런을 찾는 일은 시간 문제였습니다.

한편, 그런 사실을 알 리 없었던 시애틀의 게이츠와 앨런은 자신들이 만든 교통 통계용 프로그램으로 큰 수익을 올리고 있었습니다. 메릴랜드 주와 컬럼비아 주를 포함해 다수의 고객들로부터 작업을 해달라는 요청을 수없이 받았습니다. 그들은 그 많은 작업을 열심히 해주며 2만 달러 이상을 벌어들였습니다.

"잘 됐다. 이 기회에 취직 좀 하자."

어느 날, TRW에서 찾아와 달라는 연락을 받은 앨런이 게이츠에게 말했습니다.

"그런데 폴, 너는 대학생이잖아. 이제 그만 학교에 가야 하지 않아?"

"대학 생활은 너무 지루해."

앨런은 지루한 일은 싫었습니다. 무슨 일이든 재미있어야 했고 성취감을 맛보아야 했습니다. 더욱이 워싱턴대학 학생인 앨런은 일찍부터 컴퓨터 회사에 취직할 생각이었던 터라 이번 기회가 더 반가웠습니다.

게이츠와 앨런이 TRW로 찾아가자 처음 그들의 얼굴을 직접 본 사장은 놀란 기색이었습니다.

"아니, 자네들은 아직 학생들 아닌가?"

"예, 저흰 아직 학생입니다. 저는 폴 앨런이고 이 친구는 그 유명한 빌 게이츠고요."

"허, 그래?"

사장은 게이츠와 앨런에게 정중하게 대했습니다. 자신들이 하고자 하는 사업을 이 10대 컴퓨터 천재들이 잘 해낼 수 있을 것이라는 기대감이 들었습니다.

"우리는 전력량을 비교 분석할 수 있는 컴퓨터 시스템을 만들어야 돼. 광고에서도 이미 봤겠지? 그런데 자네들 우리 회사에 정규 직원으로 들어올 수 있나?"

"네. 물론이죠."

앨런은 선뜻 대답했지만 게이츠는 잠시 머뭇거리다가 말했습니다.

"저는 레이크사이드 학교에 다니고 있습니다. 만약 회사에서 실습 훈련을 할 수 있다면 그것으로 학습 과정을 대신할 수 있습니다."

"좋아, 그렇게 해주지."

간단한 면접만으로 게이츠와 앨런은 TRW에 입사했습니다. 앨런은 작동이 정지된 컴퓨터 시스템을 복구시키는 일을 했고, 게이츠는 데이터의 보관과 실행 시간 코드에 관한 일을 했습니다.

"허, 대단한 실력들이야!"

게이츠와 앨런을 뒤에서 지켜보는 사람들은 저마다 감탄을 했습니다.

"자네 이름이 빌 게이츠라고 했나?"

한 프로그래머가 게이츠 뒤로 와 물었습니다.

"네."

게이츠가 돌아보자 키가 껑충하고 눈이 부리부리한 미남형의 프로그래머가 서 있었습니다. 그는 게이츠가 만들어 놓은 코드를 내밀었습니다.

"네 실력이 뛰어나긴 하지만 이것 좀 다시 살펴 봐. 코드가 비논리적이잖니. 더 단순화시키는 방법이 있을 텐데…….”

그렇게 말하고 그는 곧바로 자기 자리로 돌아갔습니다.

게이츠는 하던 일을 멈추고 코드를 살펴보았습니다. 살펴보고 또 살펴보았습니다. 그런데 아무리 생각봐도 잘 모르겠어서 그에게 다가갔습니다.

"저는 아직 컴퓨터를 더 많이 배워야 합니다. 절 가르쳐 주실 수 있나요?"

"시간이 허락된다면 그렇게 하지."

그는 돌아보지도 않고 대답했습니다.

"그런데 아저씨 성함이 어떻게 되세요?"

"존 노턴!"

●존 노턴. 그는 이제껏 자부심으로 가득 차 있던 게이츠의 허점과 오만을 처음으로 정면으로 찌른 사람이었습니다. 게이츠는 그로 인해 자신의 단점을 깨닫고 자신이 아직도 한참 배워야 한다는 걸 알았습니다. 이후 게이츠는 줄곧 놀라운 눈으로 노턴의 작업을 지켜보았습니다.

노턴은 5천 페이지가 넘는 ●운영체제 리스트를 줄줄 외울 정도로 놀라운 능력을 지닌 사람이었습니다. 뿐만 아니라 게이츠가 만드는 프로그램 코드를 일일이 지적하며 더 좋은 방법을 가르쳐 주기도 했습니다.

"폴, 우리가 진짜 놀라운 선생님을 만났어!"

"그래. 이건 TRW에 취직한 것보다 더 의미 있는 일이야."

게이츠와 앨런은 틈만 나면 노턴을 찾아갔습니다. 그리고 그를 선생님이라 부르며 가르침을 받았습니다.

●**존 노턴** 노턴 유틸리티를 만든 사람으로 논리적 계산 능력이 빌 게이츠보다 더 뛰어나다는 평가를 받고 있습니다.
●**운영체제 리스트** 컴퓨터를 운영하는 프로그램에 담긴 모든 명령어의 나열을 말합니다.

어느 날 TRW 사장이 게이츠와 앨런이 일하는 곳으로 찾아왔습니다.

"자네들, 봉급 65달러가 적지 않은가?"

"아닙니다. 별로 지출할 일도 없는 걸요. 그 정도도 큰 돈입니다."

게이츠와 앨런이 소탈하게 말하자 사장은 허허 웃었습니다.

"사실 봉급은 핑계고, 난 두 사람의 능력 때문에 우리 회사와의 근무 계약을 더 연장하고 싶어."

"아, 그게 정말입니까?"

계약 기간 연장은 게이츠와 앨런 역시 바라던 일이었습니다. 그들에게도 그곳은 하고 싶은 일을 마음껏 할 수 있는 일터였기에 떠나기 싫었습니다.

"시켜만 주시면 열심히 일하겠습니다. 일을 시작했으면 끝을 보아야지요."

게이츠와 앨런은 그 후 TRW의 •프로젝트를 성공시키는데 결정적인 역할을 했습니다.

그런데 어느 날, 시애틀에 잠시 다녀온 앨런이 슬픈 목소리로 말했습니다.

"빌, 우리가 만든 '트래프-오-데이터'는 망했어. 연방 정부가 우리가 하던 교통 통계용 서비스와 비슷한 것을 무료로 제공한다지 뭐야."

"맙소사!"

사실 게이츠와 앨런은 TRW에 근무하면서도 틈틈이 자신들이 만든 프로그램을 이용해줄 고객을 찾곤 했는데, 이젠 소용없게 되었습니다

"우리가 직접 처음 만든 회사인데 이렇게 하루아침에 문을 닫게 되다니 너무 아쉬워."

•**프로젝트** 연구 혹은 사업을 할 때 최종 목표로 삼은 것을 말합니다.

"그래도 그동안 그걸로 우리 명성도 알리고 돈도 많이 벌었잖아. 우리 나중에 더 좋은 회사를 차리자."

게이츠와 앨런의 컴퓨터에 대한 열정과 낙천적인 성격은 어떤 슬픔과 우울함도 금방 떨쳐버리게 했습니다. 두 사람은 자신들의 앞날이 밝게 열릴 것이라고 굳게 믿었습니다.

그리고 게이츠는 TRW의 프로젝트를 성공적으로 끝마친 후 다시 집으로 돌아와 코앞에 닥친 대학입시를 준비했습니다.

6 하버드 대학에 진학한 후

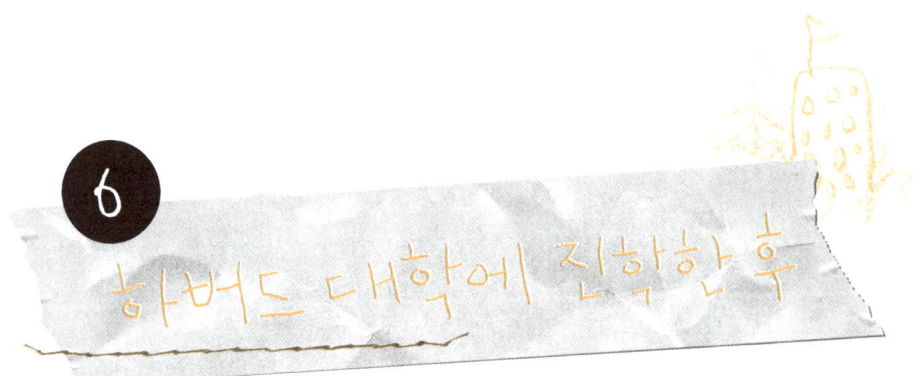

컴퓨터에 관련된 일을 하면서도 빌 게이츠는 공부도 게을리 하지 않았습니다. 그리고 마침내 부모님과의 약속대로 하버드대학 법과 입학시험에 합격했습니다. 그의 아버지와 어머니를 비롯해 온 가족이 애타게 바라던 일이었습니다.

그제서야 그동안 장래 문제로 고민과 사색에 빠져 있던 게이츠의 입가에 도 미소가 떠어졌습니다. 안개 속만 같던 자신의 앞길에 비로소 '법률가의 길' 이라는 안내판 하나가 선명하게 보이는 것 같았습니다

게이츠가 하버드대 합격 소식을 가지고 집으로 들어가는데 현관과 거실이 온통 꽃으로 치장되어 있었습니다.

"빌, 드디어 해냈구나! 장하다! 우리 가족에게 오늘은 최고의 날이야!"
누나가 축하 꽃다발을 내밀며 소리쳤습니다.

하버드대학에 진학한 후

"고마워, 누나."

"그런데 조금 있다가 도착했으면 더 좋았을 걸."

"왜?"

"부모님과 친척 분들이 지금 막 네 축하 파티를 준비하시는 중이었거든."

"그럼 다시 나갔다가 나중에 들어올까?"

"얘는, 호호호."

누나는 동생이 기특하고 대견해 함박웃음을 지으며 어쩔 줄 몰라 했습니다. 게이츠는 누나와 팔짱을 끼고 안으로 들어갔습니다.

"우와, 집안이 완전 동화의 나라같네!"

벽마다 장미를 비롯한 갖가지 꽃들로 화려하게 장식되어 있고 실내에는 맛있는 냄새가 그득했습니다.

"빌, 어서 오거라."

"이리 오렴. 장하구나, 우리 아들"

아버지와 어머니가 방문을 열고 나와 게이츠를 얼싸안았습니다. 여기저기서 박수 소리가 나며 집안이 떠들썩했습니다.

"드디어 네가 아버지의 일을 이어받게 됐구나."

"참으로 훌륭해."

"역시 너는 법률가가 되어야 해."

친척들도 서로 앞 다투어 게이츠를 칭찬하기 바빴습니다.

갖가지 파티 음식들이 차려진 가운데 맨 중앙에 케이크가 놓여 있었습니다. 초청된 악단은 축하 음악을 경쾌하게 울려 주었습니다.

아버지는 게이츠의 손을 잡고 케이크 앞으로 다가갔습니다.

"여러분, 오늘은 정말 기쁜 날입니다. 제 아들 빌이 장차 법률가가 되기로 결정하고 마침내 하버드 법대 입학시험에 합격했습니다. 저는 우리 빌이 너무나 고맙고 또 너무나 자랑스럽습니다."

아버지의 말이 끝나자 너도나도 기다렸다는 듯 박수 소리가 요란했습니다.

밤이 늦도록 파티는 끝날 줄 몰랐습니다.
마주치는 사람들마다 수없이 축하 인사를 받던 게이츠는 시간이 흐르자 점점 피곤이 밀려왔습니다. 피곤하다 못해 머리가 아프기까지 했습니다.
"어머니, 전 그만 방에 들어가 쉬고 싶어요."
"그래라. 그동안 공부하느라고 고생했으니 이젠 좀 쉬렴."
게이츠는 방으로 들어가 침대에 벌렁 누워 이불을 머리끝까지 뒤집어 썼습니다. 밖의 소란스러운 소리를 듣지 않으려고 귀를 막았습니다.
'그런데 난 왜 이렇게 허탈한 기분이 드는 걸까?'
게이츠는 파티를 뒤로 하고 방으로 들어와 혼자 있고 싶었던 이유를 좀처럼 알 수 없었습니다. 생각할수록 머리가 더 혼란스러워졌습니다.
그래서 일단 침대 아래에서 손에 잡히는 대로 책을 펴 들었습니다. '호밀밭의 파수꾼' 이라는 소설이었습니다. 다른 책을 펴 들자 이번에는 '분리된 행복' 이란 책이었습니다. 그것들은 실은 예전에 몇 번 읽다가 어머니의 말을 듣고 버려두다시피 한 책들이었습니다.
게이츠의 어머니는 아들에게 그런 책들을 읽지 못하게 했습니다. 어머니는 삶이란 사람의 의지에 따라 얼마든지 바꿀 수도 있고 더 좋은 길을 개척할 수도 있다고 생각하시는 분이었습니다. 그런데 그 책들은 자기가 원하든 원치 않던 삶은 운명적으로 이루어진다고 묘사하고 있어 어머니는 행여 그런 내용이 게이츠의 앞날에 어두운 영향을 줄까봐 걱정이 됐던 것입니다.

'빌, 인생은 개척하기에 따라 얼마든지 더 좋은 세상이 열릴 수 있어. 너는 꼭 법률가가 되어 그런 미래를 개척하려무나. 알겠지?'

어머니는 조용하게 얘기하면서도 은근히 법률가의 길을 강요하는 것 같아 게이츠는 머리가 아파왔습니다. 그리고 그는 오히려 지금 하버드 법대에 입학해서 평생 법률가로 살아가는 것이 자신에게 주어진 상황과 운명에 순응하는 것이 아닌가 하는 생각이 들었습니다.

그는 갑자기 머리를 세차게 흔들었습니다.

'이건 아니야!'

게이츠는 몸을 일으키며 두 손을 불끈 쥐었습니다.

'내가 정말하고 싶은 건, 바로 컴퓨터란 말이야!'
그날 이후, 게이츠의 고민은 더 쌓여갔습니다. 도무지 무엇 하나 뚜렷하게 잡히는 것 없이 미래는 안개 속 저 너머에서 춤을 추는 듯 했습니다. 그즈음 게이츠는 새벽까지 잠이 오지 않았습니다.

며칠 후 앨런이 갑작스럽게 찾아왔습니다.
"빌, 오늘 신문기사 봤어?"
앨런의 관심사는 언제나 컴퓨터에 관한 소식뿐이었습니다.
"왜? 네가 보스턴으로 전근 갔다는 소식은 신문에 나오지 않던데?"
"그런 건 기사거리가 안 되고……."
게이츠는 커피를 끓여와 앨런에게 내밀며 웃었습니다. 단짝인 앨런이 먼 곳에서 회사 일을 하게 된 후로 게이츠는 좀 외로웠습니다.
"인텔에서 새로운 마이크로프로세서 8080을 내놨다는 기사는 나도 봤어. 그 기사를 읽으며 내가 무슨 생각을 했을까?"
게이츠가 수수께끼를 내듯 말하자 앨런이 후후 웃으며 대답했습니다.
"내가 부리나케 뛰어올 줄 알았겠지, 뭐."
"그래. 하하하."
"역시 우리는 어쩔 수가 없나봐. 컴퓨터에 관련된 일이라면."
1974년 4월, 인텔이 내놓은 마이크로프로세서 8080은 게이츠와 앨런을 흥분시키기에 충분했습니다. 그것은 대형 시스템의 프로세서를 성냥갑만한 크기로 축소했을 뿐만 아니라 기존의 8008보다 성능도 훨씬 뛰어났습니다. 신문과 방송은 8080의 탄생을 즉각 전 세계에 알렸습니다.
"이건 진짜 놀라운 충격이야."

"빌, 이 8080으로는 베이직 프로그램을 만들 수 있을 거야. 우리 베이직 프로그램을 만들자. 이건 시대적인 요구야. 우리라면 충분히 가능해."

"그렇지만 기회를 어떻게 잡지?"

열을 올리는 앨런과는 달리 게이츠의 목소리는 풀이 죽어 있었습니다. 이미 하버드대학에 입학을 한 게이츠였습니다. 법률을 공부하라는 부모님의 기대와 희망이 너무나 컸기에 그 속에서 빠져나오기가 힘들었습니다.

"빌, 인텔에서 8080이 개발되어 시판되는 이상 이 기회를 놓쳐서는 안 돼. 우리 다시 회사를 차리는 거야. 일을 벌이자고!"

앨런이 재촉했지만 게이츠의 고민은 여전히 풀어지지 않았습니다.

게이츠는 이러지도 저러지도 못하는 처지에 놓여 괴로웠습니다.

"폴, 우리에게 당장 필요한 게 뭐지?"

"글쎄. 일단 8080 마이크로프로세서로 제작된 컴퓨터가 있어야 할 텐데……."

"그런데 정작 돈이 있어야 컴퓨터를 사지."

앨런 역시 난감한 표정이었습니다.

그렇게 게이츠와 앨런이 고민에 고민을 거듭하고 있을 때, 앨버커키에 사는 ●에드 로버츠라는 사람은 이미 8080을 위한 베이직 프로그램을 만들기 시작했습니다. 아울러 컴퓨터가 펼쳐줄 놀라운 가능성을 믿는 미국 내 수많은 프로그래머들 사이에 마이크로컴퓨터에 대한 붐이 대대적으로 일었습니다.

"우리가 IBM 컴퓨터에 도전장을 낼 수 없을까?"

"하루 빨리 컴퓨터 시장에 뛰어들어야 할 텐데……."

●**에드 로버츠** 1975년에 마이크로컴퓨터인 알테어를 개발하여 전 세계 컴퓨터계를 놀라게 한 사람입니다.

많은 회사들과 컴퓨터 프로그래머들은 서로 정보를 나누며 기술 개발에 갖은 노력을 기울였습니다. 스스로 컴퓨터광이라 자부하는 사람들도 많이 늘어났고 컴퓨터 회사들도 우후죽순으로 생겨났습니다.

당시 전 세계의 컴퓨터 시장은 IBM과 DEC(디지털이퀴프먼트사) 그리고 휴렛팩커드라는 초대형 컴퓨터 회사 몇 곳이 지배했습니다. 그들 회사의 막강한 기술 축적과 자본력과 대외 신용도는 가히 절대적이었습니다.

그래도 도전자는 있기 마련이었습니다. 능력과 열정만으로 무장한 채 초대형 컴퓨터 회사들에 과감히 도전장을 내는 컴퓨터광들이 생겨났습니다. 하지만 그들이 IBM에 도전한다는 건 계란으로 바위를 치는 일이나 마찬가지였습니다.

1975년이 밝았습니다. 컴퓨터 전문 잡지로 이름을 날리던 '파퓰러일렉트로닉스' 1월 호에 다음과 같은 제목으로 아주 특별한 기사가 실렸습니다.

MITS사, 상업용 모델에 대항할 첫 번째 컴퓨터 ●부품 키트 개발 성공!

그 기사는 MITS라는 회사가 개발한 '알테어'라는 컴퓨터를 소개하고 있었습니다. 그것은 실로 세상을 깜짝 놀라게 할 만한 뉴스였습니다.

●**부품 키트** 부품 세트로 그 당시엔 컴퓨터를 부품별로 따로 구입하여 조립했습니다.

"드디어 때가 온 거야. 언젠가 마이크로컴퓨터가 개발될 줄 알았다고."

"MITS사의 에드 로버츠?"

"누군지 몰라도 IBM의 허를 정면으로 찔렀군. 놀라운 일이야."

사람들은 알테어 컴퓨터를 소개하는 기사를 읽으며 너도나도 흥분을 감추지 못했습니다. 흥분을 이기지 못해 환호성을 지르는 사람도 있었습니다. 알테어 컴퓨터는 자신만의 개인 컴퓨터를 갖고 싶어 하는 컴퓨터 애호가들의 꿈을 비교적 싼값에 실현시켜 주었습니다.

게이츠를 만나기 위해 하버드 광장으로 가던 앨런도 그 특급 뉴스를 읽었습니다.

"이것 봐. 정말 개인용 컴퓨터가 실현되는구나!"

앨런은 도서관으로 뛰어가 게이츠를 보자마자 소리쳤습니다.

"빌, 드디어 일이 벌어졌다구. 자칫하면 이러다 우린 영영 기회를 잃어버리겠어!"

게이츠는 앨런에게서 파퓰러일렉트로닉스 기사를 건네받아 읽었습니다.

"사장 이름이 에드 로버츠? 참 대단한 사람이구나!"

게이츠는 •알테어 컴퓨터의 기능 설명서를 읽으며 감탄을 연발했습니다. 그것은 사실 자신이 오래 전부터 꿈꾸어오던 일이었습니다. 그런데 로버츠라는 사람이 먼저 그 일을 이뤄낸 것입니다.

게이츠는 긴장감과 함께 가슴 밑바닥에서 승부욕이 타오르는 것이 느껴졌습니다. 마냥 대학에서 법률 공부만 하고 있다가는 앨런의 말대로 기회를

•**알테어 컴퓨터** 컴퓨터 역사에 길이 남을 제품으로서, 빌 게이츠는 이 알테어를 위해 첫 번째 베이직 프로그램을 만들었습니다.

영영 잃어버릴 노릇이었습니다.

"컴퓨터계는 지금 급변하고 있어. 그런데 빌, 넌 언제까지 계속 법률 공부만 할 테야?"

앨런이 속이 타는 듯 말했습니다.

"폴!"

"그래, 말해봐!"

게이츠는 잠시 생각에 잠기더니 눈을 반짝 떴습니다.

"머지않은 날에 마이크로컴퓨터라는 기적이 일어날 거야. 분명해."

"그래. 우리도 힘을 합치면 충분히 가능한 일이야. 이건 우리에게 꿈이 아니라고."

"맞아. 곧 현실이 될거야."

둘은 손을 맞잡고 흔들었습니다. 그리고 서로의 눈빛을 바라보며 앞으로 자신들이 해야 할 일이 무엇인지 이심전심으로 알아차렸습니다.

"알테어용 컴퓨터 언어를 만드는 거야. 컴퓨터만 있다고 다 되는 일이 아니잖아. 그것을 사람들이 쉽게 다룰 수 있도록 해주어야지."

"그래. 알테어 컴퓨터에 맞도록 우리가 베이직을 짜자구."

둘은 손을 맞잡고 서로의 각오를 다졌습니다.

앨런과 헤어진 게이츠는 다시 도서관으로 들어갔습니다. 하지만 공부가 손에 잡히지 않았습니다.

'앞으로 어떻게 해야 하지?'

고민에 고민을 거듭했습니다.

게이츠는 앨런이 주고 간 파퓰러일렉트로닉스를 펼쳤습니다. 기사를 자세히 읽고 있자니 컴퓨터 세계로의 유혹이 다시금 게이츠를 사로잡았습니다.

사실 MITS사는 전에 계산기를 생산하던 작은 회사였습니다. 그런데 이번에 갑자기 게이츠와 앨런이 그토록 하고 싶었던 마이크로컴퓨터를 먼저 만들어낸 것입니다.

'흠, 마이크로컴퓨터가 갖추어야 할 조건은 다 갖추고 있네!'
게이츠는 질투심으로 어쩔 줄 몰라 했습니다.
최초의 마이크로컴퓨터인 알테어는 세상을 깜짝 놀라게 만들었습니다. 그러나 게이츠가 보기엔 아직 부족한 점들도 많이 있었습니다. 겉모양은 무쇠 상자처럼 투박한데다 키보드나 모니터 따위는 아예 없었습니다. 데이터의 입출력도 스위치 판을 통해야만 할 수 있었습니다.

'인텔의 8080 칩을 사용했고, 256바이트의 기억장치라?'
게이츠는 그날부터 도서관에서 밤을 꼬박 새우다시피 하며 알테어 컴퓨터 기사를 정독하고 그것에 맞는 베이직 프로그램을 만들 결심을 다졌습니다.

한편, 앨런은 회사 일을 마치기 바쁘게 컴퓨터 애호가 모임에 나갔습니다. 알테어 컴퓨터가 개발되었다는 기사를 읽은 후 마음의 흥분 때문에 집으로 그냥 갈 수 없었습니다.
모임에는 앨런같은 수많은 컴퓨터 애호가들이 몰려들었습니다.

"여러분! 여러분도 아시다시피 IBM과 DEC 그리고 휴렛팩커드라는 회사들은 지금 대형 컴퓨터를 만들어 떼돈을 벌면서도 마이크로프로세서의 중요성을 잘 이해하지 못하고 있습니다. 단지 그것을 사용할 계획만 어설프게 세워 놓은 정도입니다."

"그래서 어쩌란 말이오?"
한 사람이 단상에 올라가 연설을 하자 다른 사람들이 핀잔을 주듯 말을 던졌습니다. 이런 일은 컴퓨터 애호가 모임에서는 흔한 일이었습니다.

"우리는 나름대로 기술도 있고 본능적인 호기심과 열정도 있습니다. 그래서 말씀드립니다만, 지금 같은 상황이야말로 우리가 컴퓨터 시장에 진출할 수 있는 절호의 기회입니다."

"그러나 이미 로버츠라는 사람이 알테어 컴퓨터를 만들었잖소!"

"알고 있어요! 중요한 것은, 우리도 할 수 있다는 겁니다. 로버츠처럼 IBM이 미처 손쓰지 않는 마이크로프로세서를 이용한 컴퓨터를 만들 수 있다고요. 그래서 말씀입니다만, 저와 함께 컴퓨터 회사를 설립하실 분 있나요? 얼른 한번 손들어 보세요."

젊음과 열정. 그것은 모든 일을 가능하게 하는 중요한 요인이었습니다. 젊음과 열정으로 무장한 컴퓨터 애호가들은 소규모 회사를 설립할 준비에 바빴습니다. MITS사가 개발한 알테어 컴퓨터가 기폭제 역할을 한 셈이었습니다.

이때 컴퓨터 애호가 모임에는 나중에 •애플 컴퓨터를 창립한 스티브 잡스와 스티브 워즈넥도 끼어 있었습니다.

그동안 모임에서 사업 정보를 수집하며 기회만 엿보던 앨런이 옆 사람에게 물었습니다.

"MITS사의 로버츠 사장은 대체 어떤 사람인가요?"

"원래 계산기를 대량으로 생산했다가 가격 경쟁에 밀려 망해버린 사람이라는데, 타고난 직관력이 있었나 봐. 인텔의 8080 칩이 마이크로컴퓨터의 토대가 될 수 있다고 믿고 연구하더니 결국 성공시킨 거라니깐."

•**애플 컴퓨터** 매킨토시 컴퓨터를 생산해 내는 회사로서, 현재 빌 게이츠의 MS사와 치열한 경쟁을 벌이고 있습니다.

앨런은 또 '아, 알테어!' 하고 감탄의 소리를 냈습니다. 그것은 자신과 게이츠가 제일 먼저 만들고 싶던 컴퓨터였습니다.

그때 한 수염이 텁수룩한 사람이 앨런에게 다가왔습니다. 그는 약간 술에 취해 있었지만 눈빛은 날카로운 광채를 띠었습니다.

"아직 학생인가?"

"네, 그렇지만 지금은 컴퓨터 회사에 다니고 있습니다."

"이름이?"

"폴 앨런입니다."

"폴 앨런이라, 그러고 보니 사람들이 하는 얘길 들은 적이 있네. 컴퓨터를 썩 잘 다룬다지?"

"아, 예……."

그는 웃으며 앨런의 옆자리에 앉더니 주머니에서 술을 꺼내 병 째 들이켰습니다. 그리고는 입술을 쓱 닦고는 앨런을 툭 쳤습니다.

"며칠 전에 알테어 컴퓨터를 구입했네."

"아, 그러세요? 어떻습니까?"

앨런은 부러워하며 가까이 다가앉았습니다. 너도나도 알테어 컴퓨터를 사고 있다는 말을 듣고 얼마나 부러웠던지. 하지만 앨런에게는 아직 알테어를 살 돈이 없었습니다.

"글쎄 3백 97달러에 샀는데 나같이 성질 급한 사람은 도저히 못 쓰겠더라고."

텁수룩한 수염의 남자는 거침없이 말을 이었습니다.

"납땜인두로 부품 하나하나를 아주 조심스럽게 연결해야 하는데, 제기랄! 나처럼 참을성 없는 사람에게는 그냥 고물단지에 불과한 거야."

앨런은 비록 알테어 컴퓨터를 구입하지는 못했지만 잡지의 기사를 읽으며 그 성능을 어느 정도 짐작하고 있었습니다. 알테어의 가장 치명적인 약점이라면 데이터를 영구적으로 컴퓨터에 보관할 수 없다는 점이었고 사용 방법이 너무 복잡하다는 것도 단점이었습니다.

"그런데 아저씨 성함이 어떻게 되세요?"

"나? 스티브 돔피어."

"아, 돔피어 씨!"

앨런은 스티브 돔피어라는 이름을 일찍부터 알고 있었습니다. 비록 그의 모습은 처음 보았지만, 그의 컴퓨터 실력은 이미 컴퓨터 애호가들 사이에 소문이 자자했습니다. 게이츠와 앨런 역시 꼭 만나고 싶던 사람이었습니다.
앨런은 얼른 일어나 돔피어 씨에게 다시 정중히 인사를 했습니다.

"만나 뵙게 되서 영광입니다."

"이봐, 폴! 그 알테어 사지 말라구. 고물단지에 불과하니까. 토글스위치를 켰다 껐다 하는 것으로 프로그램이나 데이터를 입력시켜야 돼. 그리고 전문 기술과 아주 예민한 손재주가 있어야 하는데, 작은 실수 하나도 용납 안 해. 제기랄! 실수 하나라도 생기면 작업을 처음부터 다시 시작해야 할 걸."

"그럼 전원을 끄면 프로그램과 계산 결과가 모두 사라진다는 말이 사실인가요?"

"그렇대두. ●임의접근기억장치라서 그래. 그 정도 수준으로밖에 안 만든 거지. 소비자에게 사기를 친 셈이야."

그러나 돔피어씨가 열을 올린 이런 약점에도 불구하고 MITS사의 알테어 컴퓨터는 마이크로컴퓨터 시대의 시작을 알리며 큰 성공을 거두었습니다. 그로 인해 로버츠 사장은 매일같이 밀려드는 알테어 컴퓨터 제작 주문 요청에 행복한 비명을 질렀습니다.

●**임의접근기억장치** RAM. 정보를 임시로 저장하는 컴퓨터의 기억장치로 컴퓨터를 끄면 저장되지 않은 램의 정보는 없어져버립니다.

7 모험과 승리의 나날

이츠와 앨런이 고민을 거듭하는 사이 컴퓨터 산업은 더욱 빠른 속도로 발전을 거듭했습니다. 알테어 컴퓨터를 개발한 MITS 사를 필두로 하여 각지의 컴퓨터광들이 마이크로컴퓨터 개발에 필사적으로 매달렸습니다.

게이츠와 앨런은 속이 탔습니다. 더이상 이대로 보기만 하며 가만 앉아있을 수가 없었습니다.

"빌, 이 신문 기사 좀 봐. 부럽지 않아? 우리가 ●알테어용 베이직 프로그램을 만들어야 돼. 알테어가 엄청나게 팔려 나간 이상 그것을 운용할 베

●**알테어용 베이직 프로그램** 알테어 컴퓨터를 원활히 작동시키기 위한 베이직(컴퓨터 언어) 프로그램을 말합니다.

이직 프로그램이 꼭 있어야 하잖아."

"맞아. 그거야말로 내가 반드시 하고 싶던 일이지."

"우선 로버츠 사장을 만나러 가자. 일단 만나보는 거야."

"좋아. 가자."

게이츠와 앨런은 MITS사의 로버츠 사장을 수소문했습니다. 알테어용 베이직 프로그램을 만들려면 우선 알테어를 만든 당사자와 만나 협의하는 게 순서였습니다.

수소문 끝에 전화를 걸어 그와 커피숍에서 만나기로 했습니다.

"사장님, 나와주셔서 감사합니다."

로버츠 사장은 게이츠와 앨런을 쳐다보며 어리둥절한 표정이었습니다.

"그런데 바쁜 시간에 왜 나를 만나자고 했지?"

"저희들은 시애틀에 있는 트래프-오-데이터의 대표들입니다."

게이츠가 자신있게 소개했지만 회사는 사실 그저 이름뿐이었습니다.

"트래프-오-데이터? 그런데 아직 학생들 같은데?"

"네. 컴퓨터에 미친 학생들이죠."

로버츠 사장은 약간 피곤해 하는 눈치였습니다. 아닌게 아니라 알테어 컴퓨터를 개발하자 수많은 사람들이 면담을 요청해 왔는데, 막상 그들을 만나보면 공연한 찬사와 호기심어린 질문만 쏟아낼 뿐 별 소득이 없었던 것입니다. 그의 눈엔 게이츠와 앨런 역시 그들과 전혀 다를 게 없어 보였습니다.

로버츠 사장의 그런 눈치를 간파하지 못할 게이츠가 아니었습니다.

"사장님, 저희들이 알테어에 맞는 베이직 프로그램을 짰습니다."

"뭐, 그게 정말인가?"

로버츠 사장은 깜짝 놀란 표정을 지었습니다.

"네, 정말입니다. 알테어만 있으면 뭐합니까? 일반 사용자들이 많이 쓰게 하려면 보다 손쉬운 프로그래밍 언어를 제공해야죠. 그런데 저희들이 그 일을 해냈다고요."

게이츠가 빠르고 명료하게 핵심을 설명했습니다.

"사장님도 알테어용 베이직에 관심 많으시죠?"

로버츠 사장은 이미 알테어 개발에 따른 흥분 따위는 어느 정도 가라앉힌 후였습니다. 그리고 게이츠의 말대로 알테어가 좀 더 대중 속으로 파고들게 하는 새로운 고민을 하고 있었고 그러기 위해서는 보다 단순한 프로그램이 필요했습니다.

"정말 너희들이 베이직을 짰다고?"

"네."

게이츠의 대답에 로버츠 사장은 믿기지 않는다는 표정을 지으며 오히려 고개를 저었습니다. 바쁜 시간에 쓸데없이 장난꾸러기들이나 만나다니! 그는 버럭 화를 냈습니다.

"이봐, 학생들! 인텔 직원들이 나에게 뭐라고 했는지 알아? ●8080 칩은 베이직과 같은 언어를 다룰 만큼 강력하지 못하다고 했어. 그런데 자네들은 지금 인텔 직원들이 내게 거짓말을 했단 말인가?"

"그게 아닙니다."

"그러면?"

게이츠가 즉시 해명에 나섰습니다.

"사장님! 사실 인텔 직원들의 말은 그들이 알고 있던 지식에 불과합니다.

●8080 인텔에서 초창기 때 만든 마이크로프로세서 이름인데, 요즘도 상표 이름에 숫자를 많이 사용합니다.

하지만 언제나 새로운 결과가 나올 가능성이 있잖아요. 사장님이 고민하시는 것도 저희들은 이미 다 알고 있다니까요."

"잠깐!"

로버츠 사장은 앨런의 말을 가로막으며 코웃음을 치고는 말을 이어나갔습니다.

"학생들! 사실 나는 그런 제의는 여러 차례 받았어. 정말이야. 어제 오전에 만난 사람도 자기가 알테어용 베이직 프로그램을 만들 수 있다고 나에게 떵떵거렸다니까."

"저희들은 이미 만들어 놓았습니다. 지금은 알테어에 적합하도록 조금 더 손질을 하는 중입니다."

"그 말이 진짜인가?"

로버츠 사장은 커피 잔을 내려놓으며 다시 관심을 보였습니다. 사실 그는 누구보다 알테어용 베이직 프로그램을 애타게 기다려 온 처지였습니다. 비록 인텔이 안 된다고 했지만, 내심 천재적인 프로그래머가 나타나 베이직 프로그램을 꼭 만들어 주길 기대하고 있던 것입니다.

"정말입니다."

"그렇다면 나에게 그걸 보여줄 수 있겠나?"

"물론이죠."

"좋아. 언제?"

"곧 연락드리겠습니다."

게이츠와 앨런은 과감히 일어섰습니다. 그들은 여전히 반신반의하며 어리둥절해 하는 로버츠 사장을 뒤로 하고 커피숍을 나왔습니다.

둘은 집으로 돌아오는 길에 한바탕 크게 웃었습니다.

"하하하. 우리가 베이직 프로그램을 만들어 놓았다니?"

"그 사람, 우리에게 깜빡 속은 거야."

게이츠와 앨런은 웃음을 거두고 이내 서로의 손을 꽉 잡았습니다.

"우리 꼭 약속한 기한 내에 악착같이 베이직 프로그램 만들자. 우린 할 수 있을 거야"

"그래. 우리가 절대 거짓말을 한 게 아니란 걸 보여주자고."

게이츠와 앨런은 집으로 돌아온 후, 곧 알테어용 베이직을 만들기 시작했습니다. 레이크사이드 학교의 경험과 트래프-오-데이터 시절의 기술 축적은 그들에게 있어 가장 큰 힘이었습니다.

"휴, 일을 저질러 놓고 나서 수습하려니 쉬운 일이 아니군."

알테어용 프로세서의 모의실험 장치를 이리저리 고치던 앨런이 한숨을 내쉬었습니다.

"그런데 알테어 컴퓨터가 있어야 그에 맞는 베이직 프로그램을 더 적합하게 만들 수 있을 텐데……."

다시 생각해 보아도 실로 너무 모험적인 일이었습니다. 하지만 그들은 요령 있게 하버드대학 컴퓨터 실습실에 있는 PDP-10 시스템을 이용하여 마이크로프로세서의 모의실험을 감행했습니다. 이미 그런 기술을 몸에 익혀둔 그들로서는 그리 어렵지 않았습니다.

"MITS사에 편지를 보내야겠어. 우리 말고 다른 곳과 계약을 체결한다면 큰일이잖아."

프로그램 만드는 일이 잘 되지 않아 고심하던 게이츠는 앨런의 말을 듣고 일어났습니다.

"그래. 어쨌든 약속한 것은 꼭 성사시켜야 돼."

답답하고 짜증날 때마다 둘은 서로를 격려하며 다시 기운을 내도록 용기와 열정을 불어넣었습니다.

게이츠는 곧 로버츠 사장에게 편지를 썼습니다.

로버츠 사장님, 저희들은 모든 8080 칩에 적용될 수 있는 ●베이직 인터프리터를 가지고 있습니다. 저희들은 카세트나 디스켓 형태로 된 이 소프트웨어를 MITS사 판매망을 통해 시중에 팔고자 합니다. 한 카피에 50센트의 로열티를 주십시오. 관심 있으면 연락 바랍니다.

트래프-오-데이터 대표 올림

"로버츠 사장이 이 편지 내용을 진실로 받아들일까?"

"우리가 진실로 만들어 주어야지."

"일이 풀리지 않을 땐 목표를 확실히 정해놓고 일을 추진하는 거야."

게이츠와 앨런은 MITS사로 편지를 써 보낸 후 자신들의 말이 허풍이 아니라 반드시 진실이 되리라는 걸 증명시키기로 했습니다.

"약속대로 베이직 프로그램을 만들어 놓아야 돼. 하지만 그전에 잠시 쉬는 게 좋겠다. 네 얼굴 표정이 너무 안 좋아 보여."

"며칠 동안 실습실 안에서만 있었더니 답답해서 그런가봐. 네 말대로 조금 쉬는 게 낫겠다."

●**베이직 인터프리터** 컴퓨터 언어인 베이직을 해석해 주는 프로그램으로서, 프로그램을 만드는데 있어 기초가 됩니다.

게이츠와 앨런은 하던 일을 멈추고 기지개를 켜며 밖으로 나왔습니다. 일이 잘 풀리지 않을 때면 그들은 집 가까이에 있는 산책길을 뛰며 다시 에너지와 힘을 비축하곤 했습니다.

저녁 무렵, 게이츠와 앨런은 새로운 정보를 얻고 싶어 '●자작 컴퓨터 클럽' 모임에 나갔습니다. 그런데 가는 도중 많은 사람들이 한 곳에 모여 있는 게 보였습니다.

"자, 여러분! 이제 어떤 노래를 듣길 원하십니까?"

●**자작 컴퓨터 클럽** 컴퓨터 부품이나 소프트웨어를 만드는 사람들이 정보 교환과 친목 도모를 위해 만든 동호회입니다.

사람들 한가운데서 소리치는 사람은 바로 스티브 돔피어 씨였습니다. 라디오에서는 비틀즈의 노래 '언덕 위의 바보'가 흘러나오고 있었습니다.

"지금 저 분이 뭐하시는 겁니까?"

게이츠가 옆 사람에게 물었습니다.

"저 알테어 컴퓨터가 라디오 수신을 채뜨리고 있잖아. 저 사람이 주파수를 조절해서 라디오에 노래를 연주시키는 거야."

"네?"

게이츠와 앨런은 놀란 입을 다물지 못했습니다. 돔피어 씨는 알테어 컴퓨터의 스위치를 조작하여 프로그램을 한 줄씩 입력시켜 사람들에게 노래를 들려주고 있었습니다.

"저것 봐. 컴퓨터의 세계는 바로 마술이야. 뭐든지 가능하다구. 우리가 바로 저런 멋진 일을 하고 있는 거야."

게이츠는 앨런의 귀에 대고 힘주어 말했습니다.

그로부터 며칠 후, 게이츠가 학교로 돌아오는데 같은 기숙사 친구가 다가와 말했습니다.

"빌, 네게 전화 왔었어. MITS사라고 하더라."

"뭐, 그래서?"

얼마 전에 보낸 게이츠의 편지를 받고 MITS사의 로버츠 사장이 전화를 걸어온 것이었습니다. 게이츠는 친구에게 다급하게 물었습니다.

"그래서 뭐라고 했어?"

"너를 찾더라고. 지금 없다고 했더니 나중에는 뭐라고 물어 보던데…… '베이직 인터프리터'라고 했나? 그런데 빌, 그게 뭐냐?"

"그런 게 있어. 내가 지금 만들고 있는 거야."

"암튼 나는 생전 처음 들어보는 말이라, 다른 애들에게 물어봐도 베이직 인터프리터에 대해 아는 사람이 없더라고. 그래서……."

"뭐? 맙소사!"

게이츠는 그 자리에 주저앉았습니다. 컴퓨터에서 손을 떼고 법률 공부나 열심히 하라는 부모님 때문에 할 수 없이 연락처를 학교 기숙사로 한 것인데, 하필 자기가 없을 때 전화가 걸려오다니! 더욱이 베이직 인터프리터에 대해 아무도 모른다고 대답했다는 것은 게이츠로서는 너무 어처구니없는 일이었습니다.

"그렇게 하면 어떡해! 로버츠 사장은 어떤 장난꾸러기에게서 편지가 왔다고 생각했을 거 아냐!"

화가 난 게이츠는 친구들에게 버럭 소리를 지르고는 앨런을 찾아 뛰어갔습니다. 눈물이 떨어지는 걸 억지로 참았습니다.

하버드 광장에 선 채로 책을 읽고 있는 앨런이 보였습니다.

"폴, 내가 없는 사이에 MITS사에서 전화가 왔대."

"뭐? 그래서 뭐라고 했대?"

앨런 역시 로버츠 사장에게서 전화가 오길 손꼽아 기다리던 차였습니다.

게이츠는 앨런 앞에서 한숨을 푹 내쉬었습니다.

"바보 같은 녀석들! 하버드대학생이란 것들이 베이직 인터프리터가 뭔지도 몰라! 로버츠 사장은 아마 장난 편지로 생각했을 거야. 어쩜 좋아!"

"할 수 없지. 다시 편지를 보내는 수밖에."

앨런은 안타까워하는 게이츠의 등을 두드려 주고는 손에 들고 있던 책을 내밀었습니다. 인텔의 8080 칩에 대해 기록한 안내 책자였습니다.

"아, 이런 책이 나왔구나!"

"응. 읽어 봐. 컴퓨터 연구에 있어 아주 귀중한 내용을 담고 있으니까."

책 내용을 살핀 게이츠와 앨런은 함께 연구실로 돌아와 보름 정도를 그곳에 틀어박혀 살았습니다. 게이츠는 알테어용 베이직을 위한 •설계 명세서를 작성하고 앨런은 8080 칩을 프로그래밍 하기 위한 •어셈블리와 알테어 프로세서의 모의실험 장치를 완성 지었습니다.

"MITS사에 전화를 해야겠어. 그에게 확신을 계속 심어줘야 돼."

"하지만 이제껏 우린 8080 칩을 한 번도 본 적 없잖아, 어쩜 좋아!"

게이츠와 앨런은 밖으로 나왔습니다. 게이츠가 공중전화기로 찾아가 다이얼을 돌렸습니다.

"로버츠 사장님이시죠? 저는 저번에 만난 트래프-오-데이터 대표입니다. 저희들에게 맡겨 주신 작업이 거의 다 끝나가고 있으니 걱정 마십시오."

"피, 후후……."

옆에서 듣던 앨런이 피식 웃었습니다. 사실 일이 언제 끝날지 그들도 몰랐습니다. 더욱이 그들은 알테어 컴퓨터도 없었고 8080 칩은 구경조차 못 해 보았습니다. 헛웃음이 절로 나왔습니다.

•**설계 명세서** 그림을 그릴 때 스케치부터 하듯, 컴퓨터 언어인 베이직을 짤 때도 그 설계도부터 구성해 놓아야 합니다.

•**어셈블리** 하드웨어에 가장 직접적으로 작용하는 컴퓨터 언어로서 프로그램을 만들 수 있는 명령문 체계를 말합니다.

게이츠는 앨런을 향해 조용히 하라는 시늉으로 입에 손가락을 세우고는 로버츠 사장과 통화를 계속했습니다.

"물론 알테어 컴퓨터에서 실행 가능합니다. 네? •앨버커키까지 와 달라고요? 네, 그럼 3주 안으로 그렇게 하겠습니다. 꼭 찾아뵙죠."

게이츠는 직접 베이직 프로그램을 가지고 찾아오라는 로버츠 사장의 요구에 긴장이 되어 침을 꼴깍 삼키며 대답했습니다.

전화를 끊고 마주앉은 게이츠와 앨런은 주위를 돌아보며 앞으로 해야 할 일을 정리했습니다.

"휴, 할 일이 산더미야."

"시간 내에 다 할 수 있을까?"

게이츠와 앨런은 앞으로 해야 할 일을 깨닫고는 새삼 놀라워했습니다. 3주 안에 그것을 완성 짓는다는 건 도저히 불가능해 보였습니다.

게이츠는 앨런의 손을 잡고 일어섰습니다.

"어서 실습실로 가자. 우린 할 수 있어. 지금까지 그래왔잖아."

게이츠와 앨런은 그 길로 하버드대학 컴퓨터 실습실을 찾아 갔습니다. 3주 동안 밤낮을 가리지 않고 게이츠의 기숙사 방과 컴퓨터 실습실을 옮겨 다니며 작업을 계속했습니다. 종종 PDP-10 컴퓨터 앞에서 꾸벅꾸벅 졸기도 하고, 지칠 때는 서로의 등을 두드리며 격려했습니다.

"어서 작업을 계속 하자고. 컴퓨터 회사들마다 알테어용 베이직을 개발하고 있을 거야. 우리가 그들보다 뒤지면 안 돼. 제일 먼저 개발해야만 승자

•앨버커키 미국 남부 지방에 있는 도시 이름으로 빌 게이츠는 후에 앨버커키에서 마이크로소프트사를 설립했습니다.

니까."

프로그램을 만들고 작동시키는 것은 기억장치를 필요로 하는 일로 무척 어려웠습니다. 하지만 게이츠는 이미 효과적이고 간결하고도 결함 없는 코드를 작성하는데 필요한 막대한 전문 지식과 기술을 갖춘 상태였습니다.

"그런데 알테어라는 컴퓨터가 원래 엉망이야. 수천 라인이나 되는 베이직을 어떻게 스위치를 켰다 껐다 하는 것으로 입력시키겠어?"

스위치를 켰다 껐다 하며 프로그램을 입력시키는 건 앨런에게 있어 힘겹고도 따분한 일이었습니다.

베이직을 만들던 게이츠가 앨런에게 다가갔습니다.

"폴, 아주 좋은 생각이 났어. 프로그램을 입력시킬 수 있는 자판을 만드는 거야. 마치 타자기처럼 생긴 것으로 말이야."

"아, 그래! 자판, 그거 좋겠다!"

게이츠의 반짝이는 아이디어를 듣자마자 앨런은 즉시 전화기로 뛰어가 MITS사와 통화를 했습니다. 그러나 통화를 끝낸 앨런은 금새 풀이 죽은 꼴이었습니다.

"폴, 왜 그래?"

"자판을 만들 계획이 있느냐고 물었거든."

"그랬더니?"

"생각조차도 안 했대. 그뿐만 아니라 오히려 우리가 지금 하고 있는 일에 회의적인 반응을 보이더라고. 빌, 우리가 지금 엉뚱한 장난이나 치고 있는 거냐?"

게이츠는 앨런을 향해 씽긋 웃어 보였습니다. 그는 어려움에 부딪칠 때마다 오히려 낙관적이고 긍정적인 방향으로 바꿔 생각하는 성격이었습니다.

MITS사가 자기들을 무시한다 해도 개의치 않았습니다. 실력이 있고 그만큼 좋은 제품을 생산해 낸다면 언제든 인정받을 수 있을 거라고 믿었습니다.
"폴, 그럼 기계어 코드를 천공 테이프에 그냥 기록하자. 좀 힘들고 무식한 방법이지만 당장은 그 길밖에 없잖아."
"그래."
둘은 다시 일에 매달렸습니다. 밥을 먹거나 잠을 자는 것도 그들에겐 너무 귀찮은 일이었습니다.
어느 날, 한참 일을 하던 게이츠가 앨런을 돌아보며 말했습니다.
"폴, 말로써 인정받을 필요 없어. 중요한 것은 실제적인 것이야. 진짜 우리의 능력과 열정을 그에게 확실히 보여주자고. 그렇게 해서 진정한 승리자가 되는 거야."
"그래. 네 말이 맞아."

1975년 2월 어느 이른 아침, 드디어 앨런이 게이츠의 전송을 받으며 MITS사를 찾아가기 위해 뉴멕시코행 비행기에 올랐습니다.
"폴, 잘 다녀와. 우리의 성공을 빌고 있을게."
"그래. 우린 반드시 성공할 거야."
전날 밤도 꼬박 세워 가며 작업을 했기에 앨런의 얼굴은 핼쑥했습니다. 걸음을 걸을 때마다 휘청할 정도로 힘이 빠졌습니다.
앨런은 비행기 안에서 잠이나 푹 잘 생각이었습니다. 그런데 비행기에 타고서야 깜박 잊은 게 생각났습니다.
'아차차! 코드 작성을 미처 안 했구나!'
게이츠가 만든 베이직 프로그램을 알테어의 기억장치에 입력시키는데 필요한 코드 작성을 빠뜨리다니! 큰 실수였습니다. 쏟아지던 잠은 어느새 싹 사라지고 긴장감으로 바뀌었습니다.

'할 수 없군. 지금이라도 빨리 해야지.'

마지막까지 정신을 놓아서는 안 된다는 걸 깨달은 앨런은 비행기 내에서 부랴부랴 코드 작성에 매달렸습니다. 힘겨운 일이었지만 앨런은 그럴수록 더욱 고집스럽게 자신을 채찍질했습니다. 그리하여 비행기가 앨버커키에 착륙할 때까지 일을 마무리 지었습니다.

게이츠와 있던 시애틀의 쌀쌀한 날씨와 다르게 앨버커키는 햇볕이 강하게 내리쬐었습니다.

'역시 미국 땅은 넓고 넓어. 사계절이 한꺼번에 다 있으니.'

앨런은 공항에 도착해 MITS사의 로버츠 사장을 기다렸습니다. 이윽고 트럭 한 대가 다가오더니 차 안에서 로버츠 사장이 내렸습니다.

"다시 만나게 되어 반갑소."

로버츠 사장이 손을 내밀었습니다.

"이 트럭을 타고 오셨어요?"

"그래요. 이게 내 자가용이오. 어서 타요."

앨런은 좀 어리둥절했습니다. 파퓰러일렉트로닉스의 표지에 알테어 컴퓨터와 함께 로버츠 사장이 대서특필된 것을 봤을 때는 MITS는 대단히 큰 회사겠거니하고 생각하고 있었는데…….

앨런은 평상복 차림에 트럭을 몰고 온 로버츠 사장을 다시 보았습니다. 예전에 본 그 사람이 맞긴 했지만 차림새가 너무 실망스러웠습니다.

"요구한 것은 다 가지고 왔소?"

"네."

"그럼 우리 기술 연구소로 갑시다."

로버츠 사장은 앨런을 트럭에 타도록 했습니다. 앨런은 그때까지도 아마도 거대한 도심지의 빌딩으로 자신을 데려갈 것이라 생각했습니다. 하지만 트럭은 의외로 변두리로 달렸습니다.

"바로 저 곳이오."

트럭에서 내린 로버츠 사장이 그의 '기술 연구소'라는 곳을 가리켰습니다. 그곳은 세탁소와 슈퍼마켓 사이에 끼어 있는 조그만 가게였습니다.

앨런은 실망스러움을 애써 감추며 그곳으로 들어갔습니다. 그리고 •파퓰러 일렉트로닉스에 특종 기사로 실렸던 그 유명한 컴퓨터를 살펴보았습니다. 지금까지는 자신있게 알테어를 위한 베이직 프로그램을 만들었지만 열심히 한 만큼 실은 불안한 마음도 컸습니다.

"이건 기억용량이 6K요. 그때 잡지에 실린 것보다 더 좋은 제품이지."

그에게 돈과 명성을 한꺼번에 안겨준 컴퓨터라서인지 로버츠 사장은 어깨를 으쓱거렸습니다.

"지금 시험해 보시죠."

"아, 서두를 것 없소. 내일 합시다."

로버츠 사장이 제지하는 바람에 앨런은 그날 알테어 컴퓨터를 쳐다보기만 하고는 안타까워하며 로버츠 사장이 제공해 준 숙소로 들어갔습니다.

저녁 때 앨런은 •케임브리지에 남아 걱정하고 있을 게이츠에게 전화를 걸었습니다. 일이 성사되든 안 되든 우선 친구를 안심시켜주어야 했습니다.

"빌, 걱정 마. 잘 되고 있어."

앨런의 자신에 찬 목소리와 달리 수화기 속의 게이츠는 떨고 있었습니다.

"폴, 난 사실 우리가 만든 것이 너무 미숙한 것 같아 초조해 죽겠어."

"나만 믿어."

• **파퓰러일렉트로닉스** 당시 전자 분야의 여러 소식을 전해주던 잡지입니다.
• **케임브리지** 하버드대학이 자리하고 있는 미국의 도시 이름입니다.

"그쪽 알테어 컴퓨터에서 정말 정확하게 작동될까? 혹시나 내가 만든 베이직 프로그램에서 결함이 발견되면 큰일인데……."

"그동안 고생한 게 헛되지 않을 거야. 빌, 피곤할 테니 그동안 너는 잠이나 푹 자둬."

앨런은 물론 전화상으로는 게이츠를 안심시켰지만 사실 일의 결과에 대해서는 자신도 확신하지 못했습니다.

'그동안 호언장담한 게 있으니 이 알테어용 베이직 프로그램으로 로버츠 사장을 만족시켜야 하는데 사실 그 알테어 컴퓨터도 처음 다루는 것이고 그 안에 들어 있을 8080 칩은 아예 보지도 못한 것이니, 빌 말대로 웃기지도 않는 코미디가 되면 어쩌지…….'

다음 날, 아침이 빠르게 밝아 왔습니다. 그날은 게이츠와 앨런의 앞날을 결정짓는 아주 중요한 날이었습니다.

아침 식사를 마치자마자 로버츠 사장은 앨런을 알테어 컴퓨터 앞으로 데려갔습니다.

"자, 해 보시오. 자신 있소?"

"네."

앨런은 전원 스위치를 켜고는 알테어 컴퓨터에 연결된 테이프 판독기에 자신이 가지고 온 천공테이프를 집어넣었습니다.

"글쎄, 잘 될까?"

"네, 분명 됩니다."

시간이 초조하게 흘러 갔습니다.

이윽고 알테어 컴퓨터와 연결된 출력기에 '준비 끝'이란 글자가 쓰이면서 작동을 시작했습니다.

"어, 정말 되네! 베이직 프로그램을 받아들일 준비가 되었다고 나오잖소!"
로버츠 사장은 놀라움을 감추지 못했습니다.

"보세요. 제가 틀림없이 된다고 했잖아요."

"오, 세상에! 자네들 정말 컴퓨터 천재군 그래!"

로버츠 사장의 호들갑스러운 말을 뒤로 하고 앨런은 잠시 눈을 감았습니다. 사실 앨런 역시 놀라움과 흥분으로 말할 것 같으면 로버츠 사장보다 훨씬 컸습니다. 그러나 앨런은 애써 두근거리는 가슴을 쓸어 내리며 침착하게 게이츠가 만든 베이직 프로그램을 천천히 입력시켰습니다.

"아, 이것도 작동이 순조롭게 되네! 고맙소, 고마워!"
알테어가 처음으로 실용적으로 실행되는 순간이었습니다. 또 그것은 곧 게이츠와 앨런의 천재적인 실력이 세상을 놀라게 하는 순간이기도 했습니다.
 앨런은 뛸 듯이 기뻐하는 로버츠 사장을 지나쳐 얼른 전화기로 뛰어갔습니다. 벅차오르는 기쁨과 성취감을 어서 빨리 친구 게이츠에게 전해 주어야 했습니다.
 "빌, 나 폴이야! 우리가 해냈어! 성공했다고! 거봐, 우린 할 수 있을 거라고 했잖아!"
게이츠에게 터질 듯한 가슴으로 승리의 순간을 전하는 앨런의 목소리는 점점 울음으로 변해갔습니다.

8 마이크로소프트사의 탄생

게이츠와 앨런은 알테어 뿐만 아니라 컴퓨터 산업의 발전을 위해서도 무엇보다 반드시 베이직 언어를 개발해야 한다는 신념을 갖고 있었습니다. 그리고 마침내 자기들의 손으로 직접 그 꿈을 실현시켰습니다.

"고맙습니다. 트래프-오-데이터 대표님!"

앨런을 대하는 로버츠 사장의 태도가 전보다 더 정중해졌습니다. 심지어는 존경스럽다는 눈빛까지 감추지 못하는 듯 했습니다.

"이건 내가 알테어를 개발해 낸 것 이상의 특종감입니다."

"사장님의 배려 덕분입니다."

"하하, 그런가요? 이제부터는 회계나 통계 같은 분야에서 베이직을 활용한 응용프로그램을 개발할 수 있는 길이 활짝 열릴 겁니다."

"그렇습니다. 저희들의 목표도 바로 손쉽게 사용할 수 있는 응용프로그램 개발입니다."

"좌우간 우선 이 베이직을 시장에 내다 팔아야겠소."

로버츠 사장은 침을 꼴깍 삼켰습니다. 알테어를 개발하여 돈과 명성을 마음껏 누린 바 있는 그로서는 이번 역시 또 하나의 횡재로, 결코 놓쳐서는 안 되는 절호의 기회였습니다.

"그런데, 사장님!"

앨런은 게이츠의 얼굴을 떠올리며 말했습니다.

"이것은 저 혼자만의 작품이 아니라 제 친구인 빌과 함께 만든 것입니다. 그래서 그 친구의 의견도 들어봐야겠어요."

"아, 그럼 물론 승낙을 받아야지요."

로버츠 사장은 바쁘게 전화기 앞으로 다가갔습니다.

"빌 게이츠 대표님이십니까?"

로버츠 사장의 흥분 섞인 음성과 달리 수화기 저 편에서는 게이츠의 차분한 목소리가 들려 왔습니다.

"네. 제가 빌 게이츠입니다. 말씀하시죠."

"MITS사의 에드 로버츠입니다. 다름이 아니라, 당신이 만든 베이직 프로그램이 너무너무 훌륭합니다. 지금 당장 시장에 내다 팔기로 합시다. 로열티는 얼마든지 드리겠습니다."

사실 조금 전만 해도 게이츠도 기쁨과 성취감에 몸둘 바를 몰랐습니다. 하지만 그는 곧 자기 감정을 냉정하게 다스리고 로버츠 사장의 다급한 계약 체결 요구에 호락호락 넘어가지 않았습니다.

이윽고 게이츠가 잠시 사이를 두고 대답했습니다.

"사장님, 저희들은 소비자에게 완벽하고 정직한 제품을 팔고 싶습니다. 그래서 베이직을 판매하기 전에 손을 좀 더 봐야겠어요. 나중에 혹시 오류라도 발견되면 그땐 저희들의 명예에 큰 흠집이 되니까요."

"지금도 아주 훌륭합니다."

"아닙니다. 사장님, 시간을 주십시오. 더 정확하고 쉽게 사용될 수 있도록 다시 베이직을 고치겠습니다."

통화 내용을 옆에서 듣던 앨런은 '역시 게이츠야!' 하고 감탄했습니다. 지금까지 만든 베이직 프로그램으로 돈과 명성을 한꺼번에 얻을 게 분명한데도, 게이츠는 한 발 물러서서 그것을 객관적으로 분석해볼 줄 아는 그야말로 프로였습니다.

MITS사에서의 정해진 일정을 끝낸 앨런은 바쁘다는 핑계를 대고 일단 로버츠 사장과 헤어지기로 했습니다.

"여기 더 있으면 안되겠소? 이참에 베이직도 계약하고……."

"아닙니다. 게이츠 말대로 베이직을 더 손질할 시간을 주십시오."

"이것만 해도 불티나게 팔릴 텐데……."

로버츠 사장은 안타까워하며, 앨런을 잡은 손을 놓아주지 않겠다며 우기기까지 했습니다.

하지만 앨런은 정중히 거절하고 앨버커키를 떠나 예전에 다니던 컴퓨터 회사 하니웰로 돌아갔습니다.

그 후 게이츠는 하버드대학에 다니는 틈틈이 대학의 중앙 컴퓨터를 활용하여 베이직 프로그램을 손질하는 일에 매달렸습니다. 로버츠 사장에게 말한 것처럼 정직하고 완벽한 제품을 만들려고 노력했습니다. 무엇보다 게이츠는 자신 스스로가 만족할 만한 제품을 만들고 싶었습니다.

"저 녀석은 왜 매일 컴퓨터실에만 있는 거야?"

하버드대학의 교수들이나 학생들은 법대생인 게이츠가 왜 매일 컴퓨터실에서 혼자 일하는지 알지 못했습니다.

"저 친구는 법대생이잖아."

"누가 아니래, 그런데 늘 컴퓨터실에서 밤을 꼬박 새우더라고. 저걸로 법을 공부하나 봐."

그들이 보기에 게이츠는 아무래도 좀 이상한 학생이었습니다.

그러던 차에 하니웰에 근무하는 앨런에게서 전화가 왔습니다. 그동안 MITS사의 끈질긴 베이직 판매 요구가 있었지만 갖은 핑계를 대며 게이츠가 베이직을 더 꼼꼼히 손질할 수 있도록 시간을 벌어준 앨런이었습니다.

"빌, 나는 MITS사에 입사하기로 했어. 소프트웨어 개발 책임자로 말야."

좀 뜻밖이었지만, 게이츠는 앨런을 격려했습니다.

"하긴 하니웰보다 MITS사가 네 적성에 더 맞을 거야."

"앞으로 너를 자주 부르게 될 거야. 방학 때 와서 도와줘."

"알았어."

그렇게 스물두 살의 앨런은 MITS사의 소프트웨어 개발 책임자가 되어 종이 테이프를 이용한 데이터 입력 과정을 자동화시켰습니다.

로버츠 사장은 이에 더없이 기뻐했습니다.

"역시 당신은 천재입니다. 덕분에 우리 알테어는 거의 완벽한 컴퓨터로 바뀌었어요."

하지만 앨런은 여전히 불만이 있었습니다.

"언제까지 이런 식의 테이프 판독 과정을 거쳐야 합니까?"

"아니, 이게 어때서요?"

로버츠 사장은 앨런의 뜻을 이해하지 못했습니다.

"데이터를 입력시키기가 너무 힘들잖아요. 제가 전부터 말씀드린 대로 디스크 드라이브를 알테어와 연결시키고 타자기 자판처럼 데이터를 입력시키는 게 더 이상적인 방법입니다."

그때 게이츠도 방학을 맞아 이미 MITS사로 와 있었습니다. 프로그램 작업을 하던 그가 로버츠 사장과 앨런에게 다가왔습니다.

"폴의 생각이 옳아요. 디스크 드라이브와 자판을 이용해 데이터를 입력시키면 훨씬 효율적일 겁니다."

하지만 로버츠 사장은 젊은이들에게 무시를 당했다고 생각해 시큰둥한 반응을 보였습니다. 그가 다른 곳으로 가버리자 앨런이 게이츠에게 말했습니다.

"빌, 조금만 기다려. 곧 우리끼리 작업을 하자. 너하고 나하고 힘을 합치면 뭐든지 가능할거야."

"그래. 폴, 이리 와 봐."

게이츠가 앨런을 한쪽 구석으로 데려갔습니다. 오래 전부터 생각해 둔 것이 있었습니다.

"우리만의 회사를 차리자. 더이상 로버츠 사장님 비위를 맞추기도 힘들고 또 우리가 만든 베이직 프로그램 판매 협상을 잘 하기 위해서라도 우리만의 회사 설립이 꼭 필요해."

"나도 찬성이야."

"그래, 이제부터 우리는 우리의 길을 가는 거야."

1975년 겨울이 접어들면서 게이츠와 앨런은 오래도록 구상해온 것을 실행에 옮겼습니다. 뉴멕시코 주 앨버커키에서였습니다.

그들이 공동으로 창립한 회사는 바로 마이크로소프트(Micro- soft)였습니다.

게이츠와 앨런은 친구들을 모아 놓고 창립 파티를 열었습니다.

"마이크로소프트의 미래를 위하여!"

"세상은 무한한 가능성으로 열려 있어. 이제 우리 마이크로소프트사가 전 세계 컴퓨터 시장을 장악할 거야!"

마이크로소프트사를 명실상부한 회사로 키워 나갈 그들의 결심과 의욕은 대단했습니다. 그러나 아직 그들은 사무실도 없고 직원도 없었습니다. 독자적으로 일을 추진할 수도 없었습니다. 그래도 괜찮았습니다. 오로지 꿈과 야망으로 똘똘 뭉친 그들은 우선, 알테어 외에 곧 시장에 등장할 다른 마이크로컴퓨터를 위한 프로그램 언어를 개발하는 일을 우선 목표로 삼았습니다. 그것은 곧 세계 최초의 대중화된 소프트웨어 생산이라는 큰 목표로, 이제 막 창립된 회사로서 크나큰 모험과 열정을 필요로 하는 일이었습니다.

창립 파티를 연 그 날도 게이츠와 앨런은 일에 매달렸습니다.

"신문에 우리가 개발한 베이직이 매우 신뢰할 만하다는 기사가 났어. 사용자가 실수를 저지르면 즉각 오류 메시지가 나타나고 틀린 결과는 아예 내보내지도 않는다고."

"당연하지. 컴퓨터를 손상시키는 어떠한 원인도 제공해선 안돼."

그들은 소비자에 대한 정직함과 제품에 대한 완벽주의를 고집스럽게 지켰습니다. 그로 인해 베이직 프로그램은 향후 6년 동안 마이크로컴퓨터 시장을 지배할 수 있었습니다.

1976년이 밝아왔습니다. 당시 스물한 살의 게이츠는 공식적으로는 하버드 대학 법과 학생이었지만 법률 공부는 뒤로 한 채 오로지 자기가 창립한 마이크로소프트사를 세계 제일로 키워 낼 포부를 다지고 있었습니다. 하지만 아직 독자적으로 회사 일을 할 수 있는 시기는 아니었습니다. 그러기 위해서는 모두가 신뢰할 만한 기술 축적은 물론 시장 판도도 면밀히 살펴야 했습니다. 또 큰 자본이 있어야 했고 인적인 조직이나 제품 판매망도 꼼꼼히 따져보아야 했습니다.

'전망이 확실하지 않은 지금, 섣불리 행동해서는 안 돼.'

게이츠는 침착하게 때를 더 기다리기로 했습니다. 그래서 일단은 좀 더 컴퓨터 분야에서 일할 수 있는 기회를 찾고 있었는데 마침 MITS사의 앨런에게서 도와 달라는 연락이 왔습니다.

게이츠는 좋은 기회다 싶어 다시 앨버커키행 비행기에 올랐습니다.

그 후 게이츠와 앨런은 수개월 동안 MITS사를 위해 일했습니다. 마이크로프로세서를 위한 '기계어'를 만들고 알테어용 베이직을 계속 보완해 나갔습니다.

어느 날, 로버츠 사장이 게이츠에게 다가와 더없이 자랑스러워하며 메모리 확장 카드를 보여주었습니다.

"이번에 우리 회사서 새로 개발해냈소. 알테어의 기억 용량을 획기적으로 증가시킬 수 있는 거요."

"기억 용량을 증가시킨다구요?"

게이츠는 놀란 눈으로 살펴보았습니다.

"그렇소, 빌. 그러니 이제부터는 다른 일은 하지 말고 이것을 작동시키기 위한 프로그램부터 만들어 주시오."

기억 용량을 획기적으로 확장시키는 것, 크고 복잡한 프로그램도 원활하게 작동되도록 하는 메모리 확장 카드. 그것은 마이크로컴퓨터의 새로운 혁명이나 다름없었습니다.

"나는 이것으로 다시 전 세계 언론의 스포트라이트를 받으며 큰돈을 벌게 될 거요. 무엇보다도 IBM의 코를 납작하게 눌러버릴 수 있을 거란 말이오."

"이것이 정말 사실인가. 허!"

게이츠는 메모리 확장 카드를 살펴보며 긴장했습니다.

그 후 게이츠는 로버츠 사장의 요구대로 비밀리에 프로그램을 만들기 시작했습니다. 그 일은 3개월이나 걸렸습니다. 프로그램을 다 만들고 나서 메모리 확장 카드를 실험했습니다. 그러나 작동이 제대로 되지 않았습니다.

게이츠는 다른 카드를 가져와 실험해 보았습니다.

"이건 아예 먹통이네……."

게이츠가 진땀을 흘리며 실험을 거듭하는 와중에도 로버츠 사장은 오로지 돈을 벌기에만 혈안이었습니다. 실험도 안 끝난 메모리 확장 카드를 대대적으로 광고하며 시중에 판매를 시작한 것이었습니다.

게이츠는 안 되겠다 싶어 로버츠 사장에게 따졌습니다.

"안됩니다. 메모리 확장 카드가 어느 것 하나 제대로 작동되질 않는다고요."

로버츠 사장은 얼굴을 찡그렸습니다.

"그만하면 됐소. 벌써 시중에 엄청나게 팔리고 있잖소."

"하지만 결함이 너무 많단 말이에요."

"당신이 실험을 잘못 했겠지."

화가 난 게이츠는 그 동안의 실험 결과 보고서를 로버츠 사장의 코앞에 내밀었습니다.

"꼼꼼히 살펴보세요. 제대로 작동되는 것은 열에 하나도 채 안됩니다. 아시겠어요?"

로버츠 사장은 불쾌하다는 표정으로 보고서 내용을 살폈습니다. 이윽고 생각에 잠기더니 게이츠의 귀에 속삭였습니다.

"빌, 제발 다른 사람들에게는 이것에 대해 말하지 마시오."

로버츠 사장은 불안과 초조함을 감추지 못했습니다.

"왜요? 사장님은 돈에만 눈이 머셨군요."

"내가 돈을 버는 게 그리도 배가 아픈가? 빌, 당신은 내 회사 직원이잖소."
게이츠는 가차없이 뒤돌아섰습니다. 그리고 사장실을 나가면서 다시 한마디를 던졌습니다.

"결함이 있는 것은 무슨 한이 있어도 절대 팔면 안 됩니다. 전에 판매한 것들도 회수해야 되고요."

"뭐, 회수?"

로버츠 사장의 얼굴이 일그러지는 걸 본 게이츠는 앨런이 있는 소프트웨어 작업실로 찾아갔습니다. 둘은 한적한 곳으로 나갔습니다.

"빌, 이 MITS사는 이미 망하는 길로 들어섰어."

게이츠는 고개를 끄덕였습니다.

인기척이 들렸습니다. 되돌아보니 로버츠 사장이었습니다.

"빌, 그리고 폴! 자네들 여기서 뭐하고 있는 거요?"

"시중에 판매중인 메모리 확장 카드의 문제에 대해 얘기하고 있었습니다."

로버츠 사장은 다가와 게이츠와 앨런의 등을 달래듯이 다독였습니다. 가끔씩 의견이 달라 서로 부딪히긴 했지만 게이츠와 앨런은 로버츠 사장에겐 꼭 필요한 사람이었습니다.

"아, 무슨 말인지는 충분히 알겠소. 하지만 회사는 돈을 벌어야 하지 않겠소?"

"그렇지만 그 메모리 확장 카드는 정말 문제가 많습니다."

로버츠 사장은 앨런의 말을 가로막으며 말을 이었습니다.

"아아, 그건 하드웨어 부서에서 해야 할 일이고, 빌, 그리고 폴! 이제부터는 알테어를 위한 •응용프로그램을 만들어 주시오. 응용프로그램이 많아야 알테어가 마이크로컴퓨터의 표준으로 자리 잡을 수 있지 않겠소?

그에 대한 보답은 내가 잊지 않고 해주리다."

하지만 게이츠와 앨런의 마음은 이미 차가워진 후였습니다. 알테어 컴퓨터에서 발견한 많은 결함들로 인해 단단히 실망한 후였고 자판 입력 장치를 개발하자는 의견도 무시당했습니다. 더욱이 이번에 개발했다는 메모리 확장 카드는 문제만 가득해 그들이 보기엔 고철덩어리에 불과했습니다.

　"그렇다면 메모리 확장 카드의 품질부터 먼저 향상시켜 주십시오."

　"그건 하드웨어 부서에서 할 일이라고 했잖소. 제발 응용프로그램에만 신경 써 주시오. 부탁이오."

　"그럼 저희도 못합니다."

　"고집이 세군."

로버츠 사장은 할 수 없다며 되돌아갔습니다. 게이츠와 앨런 역시 자기 자리로 돌아왔지만 일이 손에 잡힐 리 없었습니다.

　"이 따위 천공 테이프를 계속 써야 하나?"

앨런이 알테어에 데이터를 입력하면서 불평을 터트렸습니다. 일일이 손으로 입력하는 것은 힘들뿐만 아니라 짜증날 정도로 시간도 오래 걸렸습니다.

　"로버츠 사장님은 바로 한 치 앞만 내다보면서 돈만 챙기고 있어."

　"빌, 회계 업무를 보아야 하는데, 이 기회에 데이터제네럴사의 컴퓨터로 작업할까?"

　"그래도 MITS사 직원은 MITS사 컴퓨터를 써야지."

　"그건 사장님 생각일 뿐이고."

●**응용프로그램** 컴퓨터를 실제 사용할 수 있게 하는 프로그램으로 각종 워드프로세서·게임·그래픽 프로그램 등을 통칭하여 응용프로그램이라 합니다.

로버츠 사장의 반대는 당연했습니다. 하지만 앨런은 끝내 MITS사의 회계 업무를 데이터제네럴사의 컴퓨터를 사용하여 처리하였습니다.

"폴, 대체 무슨 일을 어떻게 하고 있는 거요?"

로버츠 사장이 다가와 화를 냈습니다.

"왜요? 회계 업무를 보고 있는 건데요."

"……"

"데이터제네럴사 컴퓨터가 일이 더 잘 되서요."

사실 정말 알테어 컴퓨터의 천공 테이프 판독 장치로는 회계 업무를 보기 너무 힘들뿐만 아니라 그것은 응용프로그램을 개발하는데 있어 장애 요인이었습니다.

"젠장!"

로버츠 사장이 화를 버럭 내며 나가 버리자 앨런이 게이츠에게로 다가가 말했습니다.

"빌, 나 잘 했지?"

게이츠는 이미 다른 곳에 정신을 쏟고 있었습니다. 마이크로소프트사를 창립한 그의 관심은 자신의 회사를 키우는 데 있었습니다.

"폴! 이제부터는 본격적으로 우리 회사를 위해서 일하자. 우선 마이크로컴퓨터 생산자들의 관심을 베이직으로 끌어들여야 돼. 우리는 이제부터 그 일만 하는 거야."

앨런은 게이츠의 표정만 보아도 그가 MITS사에 염증을 느끼고 있다는 걸 알아차렸습니다.

"하버드로 돌아갈거니?"

"그래. 아직은 학생 신분이니까."

게이츠는 로버츠 사장을 찾아가 작별 인사를 했습니다. 로버츠 사장이 자기 일을 더 해 달라며 붙잡았지만, 게이츠로서는 더 이상 허송세월을 할 수 없었습니다. 하루라도 빨리 마이크로소프트사를 확장시키고 베이직을 개발해야만 했습니다.

"잘 있어, 폴."

게이츠는 친구 앨런을 앨버커키에 남겨두고 하버드로 돌아왔습니다. 하지만 막상 돌아와서 생각하니 앞날이 더없이 막막했습니다. 머릿속은 꿈과 야망으로 가득했지만 현실은 늘 빈손이었고 도와주는 사람도 없었습니다. 꿈과 야망을 이루기에는 현실적인 발판이 턱없이 부족했습니다.

'이젠 어떻게 하지? 괜히 학교로 돌아왔나?'

무엇보다도 문제는 자신이 아직도 학생 신분이라는 것이었습니다. 또 법률을 공부하라는 부모님의 요구도 계속 모른 체 하기 힘들었습니다. 게이츠는 일단 학교 공부를 하는 틈틈이 마이크로소프트사 운영 계획을 준비하기로 했습니다. 두 마리의 토끼를 쫓는 격이었지만 꿈과 열정으로 가득한 젊은 천재의 사전에 불가능이란 단어는 없어 보였습니다.

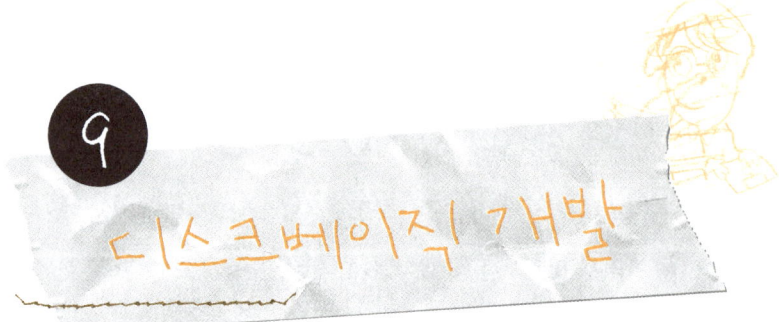

9 디스크베이직 개발

 버드에서 법률 공부를 하고 있는 게이츠를 그냥 둘 앨런이 아니었습니다. 전화를 걸어와 그 동안의 사정을 알려주었습니다.

"빌, 로버츠 사장님이 알테어 컴퓨터에 디스크 드라이브 기능을 추가하겠다고 하셨어."

"뭐?"

앞이 꽉 막힌 로버츠 사장으로서는 놀라운 진전이었습니다. 자기 테이프 드라이브나 천공 테이프 판독 장치, 카세트 플레이어와 같은 기록 장치들에 비해 디스크 드라이브는 훨씬 뛰어난 아이디어로 무엇보다도 원하는 정보에 즉각 도달할 수 있는 장점을 갖춘 것이었습니다.

"정말?"

게이츠는 마음이 흔들리는 걸 애써 다독였습니다.

"응, 그래서 말인데 네가 다시 와 줘야겠어. ●소프트웨어 루틴을 만들어야 돼. 네가 없으면 안 되는 일이잖아."

"나는 공부도 해야 하고 마이크로소프트사 일도 해야 하잖아."

"빌, 제발 도와 줘라. 로버츠 사장님의 부탁이 아니라 내 부탁이라고 생각해 줘."

게이츠는 마음을 독하게 먹고 앨런의 제의를 거절할 생각이었습니다. 하지만 앨런의 부탁이 계속 이어지자 마음이 흔들렸습니다. 그리하여 1976년 2월, 게이츠는 다시 앨버커키로 날아갔습니다.

앨런과 로버츠 사장은 게이츠의 재등장을 더없이 반가워했습니다.

"잘 와 주었네. MITS사 뿐만 아니라 전 세계 컴퓨터계가 빌 게이츠 씨를 환영할 걸세."

로버츠 사장이 손을 내밀었습니다.

"저는 사실 아직 학생으로서 공부를 더 해야 합니다."

"무슨 소리, 이게 더 큰 공부지요. 암. 그렇고말고요."

로버츠 사장에게 있어 게이츠는 아주 중요한 손님이었습니다. 게이츠를 억지로라도 붙잡고 있어야 ●디스크베이직을 만들 수 있기 때문입니다.

"일단 연구실부터 하나 주십시오."

"연구실이라면 있잖소. 전에 쓰던……."

"그런 곳 말고, 이번에는 조용한 호텔방이 필요합니다."

"호텔? 아, 그렇게 하지요."

●**소프트웨어 루틴** 소프트웨어를 만드는데 있어 가장 기초가 되는 명령 체계를 말합니다.
●**디스크베이직** 디스크 드라이브를 작동시킬 수 있는 베이직(컴퓨터 언어)을 말합니다.

그리하여 게이츠는 앨버커키에 도착하자마자 연구 결과를 담을 한 뭉치의 종이철을 들고 로버츠 사장의 안내를 받으며 힐튼 호텔로 들어갔습니다.

일에 매달릴 때의 게이츠는 밥 먹는 것도 잊었습니다. 잠자는 것도 잊었습니다. 그렇게 일하기를 5일, 드디어 게이츠가 수백 페이지에 달하는 연구 결과서와 디스크 드라이브를 위한 소프트웨어 루틴을 들고 당당하게 힐튼 호텔을 나왔습니다.

"빌, 벌써 다 했어?"

"뭐라고? 소프트웨어 루틴을 벌써 다 만들었다고요?"

연락을 받고 달려온 앨런과 로버츠 사장은 놀란 입을 다물지 못했습니다.

기적과도 같은 일이었습니다. 작업을 다 끝냈다며 호텔을 나온 게이츠는 전혀 지쳐있지 않았습니다. 뿐만 아니라 특유의 어린아이 같은 미소를 지어 보이며 다음 작업을 서둘러야 한다고까지 했습니다.

"PDP-11 컴퓨터가 어디 있나요?"

게이츠가 묻자 로버츠 사장은 뭐라 대답해야 할지 몰랐습니다.

"우선 식사부터 하지요."

"식사 말고, PDP-11 말입니다."

게이츠는 어서 자기가 만든 소프트웨어 루틴을 실험하고자 했습니다. 일에 대한 그의 천부적인 열정은 이렇듯 누구도 따라올 자가 없었습니다.

"PDP-11이라……. 그게 실은 우리 회사에는 없고, 앨버커키 공립학교에는 있을 거요. 그리로 갑시다."

로버츠 사장은 게이츠의 성격을 이미 아는 터라 두 말 없이 그를 앨버커키 공립학교로 데려갔습니다. 다른 말은 필요 없었습니다. 게이츠에게 일할 수 있는 자리를 만들어 주는 것이 전부이자 최선이었습니다.

게이츠는 앨버커키 공립학교 컴퓨터실로 들어가자마자 PDP-11 앞에 앉아서 프로그램 코드를 입력시키면서 작업을 시작했습니다.

소프트웨어 작업에 미쳐버린 빌 게이츠! 그는 먹고 자는 일조차 잊은 채 일에 매달려 놀랍게도 단 일주일 만에 디스크 베이직을 완성 짓는 쾌거를 이뤄냈습니다.

이후 세상 사람들의 찬사가 줄을 이었습니다.

"아, 빌 게이츠라는 청년이 그걸 이루어냈다니 정말 대단한 일이야."

"이건 프로그래밍에 있어 진짜 혁명적인 성과야."

"이제야 마이크로컴퓨터의 세계가 활짝 열리게 된 거야. 빌 게이츠가 그

깃발을 흔든 거지."

세상 사람들의 갖은 찬사와 언론의 스포트라이트를 받으며 등장한 디스크 베이직은 하나의 •파일 할당 테이블이 유효 공간을 분배하며 디스크의 모든 파일을 관리하는 방식이었습니다. 그것은 컴퓨터계에 혁명적인 성과이자 아울러 마이크로컴퓨터 세계에서 빌 게이츠가 선봉에 서게 된 확실한 기점이었습니다.

"빌, 축하한다. 네가 신대륙을 개척한 거야."

누구보다도 함께 고생해 온 앨런이 같이 기뻐하며 게이츠에 대한 찬사를 아끼지 않았습니다.

"대단해. 진짜 해내고야 말았구나."

"모두 다 네가 불러줬기 때문에 할 수 있었던 거야. 고마워."

"디스크 베이직으로 컴퓨터 속도가 엄청나게 빨라졌어. 네 천부적인 능력과 지칠 줄 모르는 노력이 엄청난 결과를 낳은 거야. 컴퓨터의 발전 속도를 단숨에 앞당겨 놓았다니까."

게이츠로 인해 이젠 예산용 소프트웨어, 회계 패키지, 컴퓨터 게임과 같은 응용프로그램이 수없이 나올 수 있게 되었습니다. 컴퓨터 잡지들도 극찬을 아끼지 않았습니다. 〈가장 뛰어난 프로그래밍 언어가 개발되다〉〈신대륙을 연 디스크 베이직〉〈빌 게이츠를 주목하라〉 등의 타이틀을 내건 기사들이 앞다투어 실렸습니다. 그것은 게이츠의 능력뿐만 아니라 마이크로컴퓨터의 무한한 가능성을 세상에 널리 알리는 신호였습니다.

•**파일 할당 테이블** 하드 드라이브나 플로피 디스크에서 윈도우즈 등 기본 운영체제에 의해 관리되는 데이터를 말합니다. 파일이 있는 위치와 비어있는 자리 등을 효율적으로 관리하는데 사용됩니다.

"빌, 마이크로소프트 베이직 판매권을 나에게 주시오."

"그러죠."

게이츠는 MITS사 로버츠 사장의 부탁을 외면하지 않았습니다. 인간관계로 보아 어쩌면 당연한 계약이었습니다.

그 동안 달리 판매망을 선택치 않고 있던 게이츠는 MITS사에게 기꺼이 마이크로소프트 베이직 판매권을 내주었습니다. 그리고 앨런과 함께 그들의 회사인 마이크로소프트사로 돌아왔습니다.

"빌, 이젠 큰돈이 굴러 들어오게 되었어."

"아직 맘을 놓아선 안돼. 이러다 베이직에서 결함이 발견되면 큰일이야. 그 전에 내가 먼저 업그레이드 시켜야 돼."

"역시 벌써 거기까지 생각했구나."

게이츠와 앨런은 베이직의 개발로 인한 기쁨과 흥분을 애써 가라앉히고 베이직을 보완하는 일에 매달렸습니다. 판매권을 MITS사에 넘겨준 이상 홍보나 판매에 달리 신경 쓸 일이 없었기에 그저 더 좋은 프로그램 언어를 개발하는 일만 남았습니다.

"여기 ●로열티 가져왔습니다."

"고맙습니다."

MITS사 직원이 베이직 판매 대금의 일정액을 매달 가져왔습니다. 그로 인해 마이크로소프트사는 더 이상 자금 걱정은 필요 없게 되었습니다.

"로버츠 사장님은 요즘 어떻게 지내십니까? 통 보이지 않으시네요."

●**로열티** 소유권의 사용료로 게이츠가 베이직을 만들었기 때문에 그것을 판매하는 MITS사가 판매 대금의 일정 액수를 게이츠에게 주어야 하는 것입니다.

앨런이 MITS사 직원에게 물었습니다.

"직접 영업을 하시느라 눈코 뜰 새 없으십니다."

"허, 대단하군요."

"트럭에 베이직 프로그램을 싣고 전국 방방곡곡을 누비시는 걸요. 베이직의 인기가 대단합니다. 언론이 대신 홍보해주고 있으니 이 기회를 적극 활용하시는 거죠."

하지만 베이직 프로그램을 고치고 있던 게이츠는 그 소식을 별로 달가워하지 않았습니다. 일이 뒤틀리고 있다는 예감이 들자 짜증이 일었습니다.

"지금 판매가 시급한 게 아니에요!"

"아니, 왜요?"

게이츠는 심각해졌습니다. 그토록 자신만만하게 세상에 내놓은 베이직이지만 결함이 여러 개 발견된 것입니다. 게이츠는 자신의 실수와 무능을 탓했습니다. 하루빨리 고쳐야겠다는 생각뿐이었습니다. 아무리 베이직의 인기가 치솟고 있다는 말을 듣고도 전혀 달갑지 않았습니다. 생각 같아서는 MITS사가 팔고 있는 베이직을 모두 회수하고만 싶었습니다.

"완벽한 제품만 소비자에게 팔아야 됩니다. 신용이 제일 중요한 자본이니까요."

게이츠가 거듭 고집스럽게 주장했지만 MITS사의 로버츠 사장은 게이츠의 의견을 무시했습니다. 그는 오직 돈벌이에만 혈안이 되어 게이츠가 만나자고 해도 시간이 없다며 거절했습니다.

몇 달이 지났습니다. 갑자기 MITS사에서 보내오는 로열티가 점점 줄어들었습니다.

"왜 이것밖에 안 주는 거죠?"

앨런이 고개를 갸웃거리며 MITS사 직원에게 물었습니다.

"저 그게 판매량이 자꾸 줄고 있어요."

"그럴 리가요. 뭔가 잘못된 것 아닌가요?"

앨런이 목소리를 높였습니다.

옆에서 프로그램 작업을 하던 게이츠가 잠시 생각에 잠기더니 이내 앨런에게로 다가갔습니다.

"폴, 잠깐만!"

게이츠는 앨런을 데리고 소파로 가 마주 앉았습니다. 뭔가 크게 잘못되어 가고 있다는 느낌이 들었습니다. 그때 마침 전화가 걸려 왔고 앨런이 전화를 받았습니다.

"폴, 무슨 전화야?"

전화를 받고 온 앨런의 표정이 침울했습니다. 천장만 멍하니 쳐다보다가는 힘겹게 입을 열었습니다.

"로버츠 사장인데, 역시 베이직 판매량이 갑자기 크게 줄고 있대."

그들에게 뭔가 집히는 데가 있었습니다. 어느 정도 예상은 했지만 실제로 이런 일이 정말 일어나다니!

"누군가 베이직을 무단으로 복제하고 있어!"

"얼른 도둑들을 잡아야 돼. 이건 절대 묵과해서는 안 되는 일이야."

그 후 게이츠와 앨런은 작업 시간을 절반으로 줄이는 대신 나머지 시간에는 대학교 근처를 돌아다니며 컴퓨터 사용에 대해 묻고 다녔습니다.

"베이직을 어디서 샀지요?"

"컴퓨터 클럽에서 그냥 복제해 왔어요. 솔직히 베이직 값이 너무 비싸잖아요."

대답하는 표정이 너무 태연해 게이츠와 앨런의 가슴에 울화가 치밀었습니다.

"그래서 혼자 쓰고 있나요?"

"아뇨, 친구에게 복제해 주기도 했어요. 술 한 잔 얻어 마시고요."

"술 한 잔? 베이직이 술 한 잔 값밖에 안 된다는 건가요?"

게이츠와 앨런에겐 너무도 절망스러운 일이었습니다.

다른 사람에게도 물어 보았습니다.

"실례지만, 베이직을 어디서 구했나요?"

"어떤 사람이 MITS사가 홍보하는 곳에 갔다가 우연히 바닥에 떨어진 천공 테이프를 발견했다더군요. 그 천공 테이프에서 베이직을 해독해서 만나는 사람마다 그냥 복제해 주고 있답니다."

"만나는 사람마다요?"

"그랬다고 하더라고요. 그런데 그게 뭐가 이상한가요?"

"이상하고 말고요. 그 베이직을 만들기 위해 얼마나 피와 땀을 흘렸는지 알아요?"

게이츠는 이마에서 정말 피와 땀이 흐르는 것 같아 옷소매로 닦아 냈습니다. 만나는 사람마다 베이직 복제에 대해 너무 당연하다는 투였습니다.

"그런 건 따질 게 못 됩니다. 알테어 컴퓨터만 팔고서 그 프로그램 언어를 내주지 않는 MITS사가 무책임한 거지요. 고철덩어리만 있으면 뭐 합니까? 그것을 작동시킬 수 있게 해주어야지요."

게이츠와 앨런은 그들의 말에 고개를 끄덕이기도 했습니다. 하지만 알테어 컴퓨터 판매에 따른 문제는 MITS사의 상행위에서의 일이고, 게이츠와 앨런이 정녕 문제 삼고자 하는 것은 베이직의 무단 복제였습니다. 어떻게든 그

것을 해결 지어야 다음 일에 착수할 수 있었습니다.

"이건 우리의 장래를 위해 도저히 그냥 넘어갈 수 없는 일이야."

"소프트웨어 도둑질이 만연하다면 대체 누가 소프트웨어를 만들겠어!"

게이츠와 앨런은 화가 나 견딜 수 없었습니다. 베이직의 무단 복제를 마냥 내버려 둔다면 마이크로소프트사뿐만 아니라 전체 소프트웨어 발전 자체를 기대할 수 없었습니다. 게다가 게이츠는 이미 배포된 베이직에서 결함을 여러 개 발견한 터라 더 이상의 판매나 무단 복제를 차단하고 싶은 마음이 간절했습니다.

"이러다간 우리 회사가 망하고 말거야!"

앨런이 비명처럼 소리치자 게이츠가 다가가 손을 잡아 말리며 눈물을 흘렸습니다.

어깨를 축 늘어뜨리며 회사로 돌아온 게이츠와 앨런은 무단 복제 문제를 호소하기 위해 펜을 들었습니다. 그리고 컴퓨터 사용자들에게 보내는 공개편지를 써내려 갔습니다.

컴퓨터 애호가 여러분들 대다수가 알고 계시듯, 여러분의 대부분은 공공연히 소프트웨어를 훔치고 있습니다. 하드웨어의 값은 지불하되, 소프트웨어는 공짜로 가져도 된다는 말입니까? 소프트웨어를 만드는 사람들이 정당한 대가를 받고나 있는지에 대해 한 분이라도 관심이 있는지 궁금하군요. 이런 소프트웨어의 도둑질은 수많은 프로그래머로 하여금 소프트웨어 만드는 일을 포기하도록 할 수 있습니다. 이런 사태가 계속 된다면 과연 누가 공짜로 일을 하겠습니까? 3년이란 세월을 소비해 가며 프로그래밍하고 결함을 찾아내 수정해 가며 만든 프로그램이 무단으로 복제되어 시중에 배포된다면, 그 누가 자신이 만든 프로그램을 쉽게 발표할 수 있겠습니까?

게이츠가 쓴 공개편지가 컴퓨터 잡지에 실리면서 곧바로 전 세계 컴퓨터 사용자들에게 전달되었습니다. 그러나 게이츠의 눈물어린 호소에도 불구하고 대다수 베이직 사용자들은 불쾌하다는 반응이었습니다.

"뭐야? 컴퓨터 사용자들을 모두 도둑으로 몰아붙여도 되는 거야?"

"나이도 어린 녀석이 건방지군!"

"베이직도 없이 어떻게 컴퓨터를 쓰라고! 그럼 고철덩어리 컴퓨터만 팔고서 나 몰라라 해도 된다는 거야?"

양심 있는 몇몇 사람들은 베이직 프로그램의 값을 수표로 부쳐 주었습니다.

그러나 대다수의 사람들은 무단 복제를 반성하기는커녕 '인신 모독'이라며 분노를 터뜨렸습니다. 법원에 소송을 제기하는 사람까지 생겨났습니다.
그러나 고집스러운 천재 빌 게이츠는 다시 '소프트웨어의 값을 치루라!'며 눈물 반 으름장 반의 공개편지를 또 보냈습니다. 하지만 무단 복제에 대한 인식은 별로 달라지지 않았고 그것은 소프트웨어 개발자들에게 가장 큰 골칫거리였습니다. 특히 갓 마이크로소프트사를 창립하고 베이직을 판매하게 된 게이츠를 곤경으로 몰아넣기에 충분했습니다.
"또 편지가 오는군, 크."
혼자 조용히 베이직을 수정하고 보완하던 게이츠는 우편배달부를 보는 게 괴로웠습니다.

빌 게이츠 씨! 귀하는 선량한 컴퓨터 이용자들을 몽땅 도둑으로 몰아붙였습니다. 그래서 저는 귀하에게 다음과 같이 항의합니다……

배달되는 편지의 대부분이 항의 글인 터라 그들을 일일이 상대하기 힘들었습니다. 그것은 소프트웨어를 개발하는 것보다 훨씬 힘들고 피곤한 일이었습니다. 게이츠는 당장이라도 모든 걸 집어치우고 하버드로 돌아가 법률 공부나 하고 싶었습니다.
"빌, 항의 편지 내용이 오늘 신문에 보도됐어."
앨런이 다가왔습니다.
  "언론에서 싸움을 부추기고 있지 뭐야. 싸움을 부추겨 놓고 누가 이기나 구경하겠다는 심보지. 그래야 신문이 잘 팔리니까."
  "더 기분 나쁜 건, 이 싸움이 왜 MITS사의 알테어에 초점을 맞추느냐는 거야. 마이크로소프트사라는 엄연한 우리 회사가 있는데."

"아직도 우리를 MITS사의 직원으로 착각하고 있나 봐."

한 동안 일을 등진 채 넋 나간 꼴로 앉아있던 게이츠와 앨런은 마음을 굳게 다지며 결심했습니다. 소프트웨어 무단 복제 싸움은 이대로 굴복해서는 안 될 일이었습니다.

"우리가 초기에 강력히 대응해야만 차후에도 소프트웨어를 개발하고 판매 하는 일을 원활히 할 수 있어."

"그래도 아직은 양심적인 사람도 있다는 게 희망적이야. 이것 봐."

앨런은 수북이 쌓여있는 편지들을 훑어보다가 한 편지 내용을 게이츠에게 보여주었습니다.

"무단 복제 현장을 목격하고는 참으로 애통해 하고 있습니다……."

게이츠는 편지를 보낸 사람이 참 고마웠습니다.

"여기도 그런 내용의 편지가 있어."

"그래. 베이직을 양심적으로 사용하는 사람도 있어. 저번에 베이직 값을 수표로 보내 준 사람도 있었잖아. 얼굴 한 번 본 적도 없지만."

게이츠와 앨런은 수북하게 쌓여있는 편지를 읽으며 오전 시간을 다 보냈습니다. 그리고 햄버거로 점심 식사를 대충 해결하고는 다시 넋 나간 꼴로 앉아있는데 낯모르는 사람이 찾아와 인사를 건넸습니다.

"빌 게이츠 사장님 계십니까?"

"네, 전데요? 무슨 일로 찾아 오셨나요?"

게이츠는 그를 소파로 안내하고는 찾아온 용건을 물었습니다. 그는 컴퓨터 부품 회사를 운영하고 있다며 자신을 소개했습니다.

"실은 이번에 저희 회사에서 사업을 확장하려고 합니다."

"어느 쪽으로요?"

"마이크로컴퓨터의 소프트웨어 개발을 하려고 합니다. 앞으로 마이크로컴퓨터가 비전이 있지 않겠습니까?"

게이츠는 고개를 돌려 천장을 바라보았습니다. 잠시 소프트웨어의 미래에 대해 생각을 가다듬으려 했지만, 머리만 아팠습니다.

게이츠가 입을 다물고 있자 찾아온 사람이 다시 말을 이었습니다.

"마이크로컴퓨터에 맞는 소프트웨어를 개발하면 과연 타산이 맞을지, 안정적인 판매가 가능할지 여쭈어 보려고 찾아왔습니다."

그것은 사실 게이츠의 고민이기도 했습니다. 아울러 소프트웨어의 미래를 낙관하며 개발에 몰두하고 있는 수많은 프로그래머들 앞에 닥친 문제이기도 했습니다. 다시 생각해 보아도 소프트웨어의 무단 복제 문제는 가장 먼저 뛰어넘어야 할 벽이었습니다.

"사장님!"

게이츠가 일어섰습니다.

"네."

"힘내십시오. 소프트웨어의 미래는 밝습니다. 분명 안정적인 판매의 길이 열릴 겁니다. 제가 앞장서서 그 길을 닦아 놓겠습니다."

게이츠는 애써 밝은 표정으로 그를 격려하고는 돌려보냈습니다.

'어떤 방법이 있을까? 프로그래머들과 컴퓨터 회사들의 막대한 투자에 대해 합리적인 보상이 적절한 시간 내에 이루어져야 하는데, 그런 시스템이 절실한데……'

문제를 해결하지 못하면 무엇보다도 게이츠 자신이 세운 마이크로소프트사부터 설자리를 잃을 게 뻔했습니다.

햄버거를 마저 먹고 있던 앨런이 게이츠에게 다가왔습니다.

"빌, 내게 좋은 생각이 있어."

앨런이 입술에 묻은 것을 닦아내며 말했습니다.

"베이직 프로그램을 컴퓨터의 •롬에 저장해 두는 거야. 영구적으로 말야. 그러면 무단 복제를 못할 것 아냐."

"아, 그렇긴 하지만……."

게이츠의 머릿속엔 그 아이디어의 맹점이 불현듯 떠올랐습니다.

"폴, 좋은 생각이긴 하지만 컴퓨터가 팔린 후 결함 사항이 나타나면 어쩌지? 수정해 주려 해도 그땐 너무 힘들잖아."

"음, 그것 역시 문제군."

고민은 또 다른 고민을 낳았습니다.

그 후로도 게이츠와 앨런은 하던 일을 잠시 접어두고 소프트웨어의 무단 복제 문제를 집중적으로 생각했습니다. 소프트웨어도 문학이나 음악과 같이 창조적인 일이라 저작권을 보호하는 방법이 급선무였습니다.

•**롬** ROM. 읽기 전용 메모리를 말합니다.

10 빌게이츠의 큰 걸음

 75년이 밝았습니다. 그 해에는 MITS사 주최로 '마이크로컴퓨터 축제'가 미국에서 열렸습니다.

로버츠 사장은 직접 마이크로소프트사로 찾아와 게이츠와 앨런을 축제의 공식 연설자로 초청했습니다.

"빌, 그리고 폴! 우리 MITS사가 알테어 컴퓨터를 판매해 큰돈을 벌었잖습니까. 그러니 이 기회에 축제를 거창하게 벌여서 우리의 독보적인 존재가치를 확실히 하고 알테어가 마이크로컴퓨터의 표준으로 자리잡도록 해야겠어요."

"기왕 벌이실거면 세계 수준의 대회로 개최하십시오."

"그래요. 전 세계에 알테어를 판매하려고 특별히 기획한 대회니까요."

로버츠 사장의 의도대로 마이크로컴퓨터 축제는 전 세계 매스컴에 대대적

으로 보도되었습니다. 그로 인해 수많은 사람들이 대회 장소에 몰려들면서 마이크로컴퓨터의 새로운 가능성과 베이직에 대해 활발한 토론을 벌였습니다.

"대성공이오. 빌, 이 정도의 열기라면 알테어 컴퓨터에 대한 지명도와 신뢰를 세계 방방곡곡에 심는데 충분할 거요."

로버츠 사장은 몰려든 사람들을 바라보며 무척 기뻐했습니다. 그의 책상에는 미국뿐만 아니라 세계 여러 나라의 인터뷰 요청이 쌓여갔고 취재 기자들이 수없이 몰려들었습니다. 로버츠 사장의 기대대로 알테어 컴퓨터와 베이직 프로그램은 대성공이었습니다.

"사장님!"

축제 분위기 속에서도 게이츠는 냉정함을 잃지 않고 혼자 곰곰이 앞날을 분석하는데 몰두했습니다.

"왜 그러시오?"

"알테어와 그 주변기기의 기능을 획기적으로 개선해야 합니다."

"그건 나중에……."

"아닙니다. 축제가 끝나는 대로 곧바로 착수해야 돼요. 그렇게 하지 않으면 곧 강한 적수가 우리 앞에 나타날 게 분명합니다."

게이츠의 예측은 적중했습니다. 그러나 알테어의 기능에 결함이 너무 많은데도 불구하고 로버츠 사장은 그것을 개선하는데 소홀했습니다. 곧바로 그를 위협하는 적수들이 곳곳에서 나타나기 시작했고 그것은 시장의 원리상 당연한 일이었습니다.

1975년, 여름으로 접어들 때였습니다. IMSAI(임사이)사의 8080 컴퓨터가 등장하면서 컴퓨터 애호가들에게 대대적인 환영을 받았습니다. 곧바로 프로세서 테크놀로지 제품과 크로멤코 제품이 쏟아져 나왔습니다.

"와, 어느새 차세대 컴퓨터들이 많이 나왔네!"

"이건 알테어보다 훨씬 뛰어난 기능을 갖추고 있어."

"이렇게 우후죽순으로 컴퓨터 제품들이 나오다니 참 좋은 세상이야."

사람들은 새로운 컴퓨터가 등장할 때마다 큰 관심을 보이면서 시시각각 발전하는 컴퓨터 기술에 찬사를 아끼지 않았습니다. 언제 또 새롭고 혁명적인 제품이 나올지 몰라 사람들의 기대감은 잔뜩 부풀어 올랐습니다.

세상은 급변하고 있었습니다. 하지만 로버츠 사장은 여전히 당장 눈앞에 보이는 돈에만 눈이 멀었습니다.

"우리 MITS사는 자신 있어요. 얼마 후 한번 보라고요. 그까짓 조무래기 회사들 쯤이야."

알테어 컴퓨터가 다른 회사 컴퓨터들에게 밀리는 걸 빤히 알면서도 로버츠 사장은 오기를 부렸습니다.

"휴, 저러실 때가 아닌데."

게이츠는 로버츠 사장에게 안타깝다는 시선을 보냈습니다. 하루 빨리 알테어의 결함을 수정하고 새로운 모델을 개발해야 했지만 로버츠 사장은 전혀 말을 듣지 않았습니다.

차츰 어두운 그림자가 MITS사를 덮치기 시작했습니다.

"빌, 결국 예상한 결과가 오네."
정보에 빠른 앨런이 출근하자마자 게이츠에게 다가와 귀에 속삭여주었습니다.

"결국 MITS사가 퍼텍사에게 팔려 나간다는군."

"퍼텍사에게?"

"응, 우리도 모르게 아주 비밀스럽게 이루어지나 봐."

게이츠는 심각한 표정으로 고개를 끄덕였습니다. MITS사는 시장의 원리를 등한시한 결과로 다른 회사로 팔려나가는 게 당연했습니다.

그러는 가운데 게이츠는 베이직의 명성과 더불어 전 세계적으로 대중적인 스타가 되어갔습니다. 그가 창립한 마이크로소프트사도 막대한 기술 축적을 바탕으로 컴퓨터 발전의 주축 역할을 수행했습니다.

"폴 나 좀 나갔다 올께."

"오늘은 베이직을 수정한다고 했잖아."

"사람들을 만나서 베이직에 대해 확고한 신뢰를 심어주어야겠어."

마이크로소프트사 사장인 게이츠는 MITS사 연구실에 앉아 있는 날이 거의 없었습니다. 다른 회사들을 찾아다니며 자신이 만든 베이직을 사용하도록 설득했습니다.

"사장님, 저희 베이직을 사용하신다면 가장 비전 있는 컴퓨터가 될 것입니다. 제가 확신을 드리겠어요."

그는 큰 회사의 으리으리한 사무실에 가서도 절대 기죽지 않고 자신의 주장을 펼쳤습니다.

"사장님, 얼마 있으면 이 베이직이 컴퓨터 언어의 표준이 될 것입니다. 믿으십시오."

"글쎄요. 베이직이 좋다는 소리는 들었지만 당신네 마이크로소프트사가 아직 이름난 회사도 아니고……."

"제가 직접 만들었습니다. 이 빌 게이츠가 만든 회사입니다."

"당신에 대한 신뢰도도 아직 정확한 평가가 나오지 않았잖아요."

"그럼 제가 이 자리서 평가 하실 수 있도록 해 드리죠."

"허, 그래요?"

게이츠는 컴퓨터 앞에 앉았습니다.

"사장님! 무엇이 문제입니까?"

"문제는 아직 나타나지 않았소. 그럼 일단 이 프로그램을 우리 회사 실무에 맞도록 고쳐 주시오. 가급적 간편하게 작동시킬 수 있도록 말이오."

"알겠습니다."

게이츠의 손동작은 빨랐습니다. 또 작업을 하면서 보이는 그 특유의 싱그러운 미소는 사람들에게 친근감을 심어주기에 충분했습니다. 간편한 베이직에 입출력이 명료하도록 코드 계산을 하는 일은 그에게 그리 어려운 일이 아니었습니다.

"이것 어떻습니까? 한번 시험해 보세요."

"오, 고맙습니다. 아주 좋네요."

사람들은 게이츠의 천부적인 능력에 놀라움을 감추지 못했습니다. 가볍게 손을 털며 일어선 게이츠는 베이직의 우수성을 다시 한번 설명했습니다.

"앞으로는 어떤 컴퓨터라도 베이직을 프로그램 언어로 사용해야 팔립니다. 소비자들이 간편하고 막강한 베이직의 처리 능력에 환호를 보내고 있으니까요."

게이츠는 직접 회사를 찾아다니며 컴퓨터와 함께 베이직을 팔도록 권유했고, 제작자들에게도 베이직을 사용하는 컴퓨터를 만들도록 권했습니다.
그러던 어느 날, 앨런에게서 전화가 걸려왔습니다. 앨런은 당시 MITS사로 가 일을 도와주고 있었습니다.

"빌, 저번에 내가 부탁한 것 어떻게 됐어?"

"뭘 말하는 거야?"

"알테어용 디스크 베이직 업그레이드판을 작성해 달라고 주문했잖아."

게이츠는 앨런에게 자신의 단호한 입장을 밝혔습니다.

"폴, 내 말 잘 들어. 내 관심은 오로지 IBM이나 DEC과 같은 최고의 컴퓨터 제작업체들이 내가 만든 베이직을 사용토록 하는 일이야."

"하지만 내 부탁도 좀 들어줘야지."

"폴, 너도 지금 당장이라도 MITS사 일을 그만 두고 우리 마이크로소프트사를 위해서만 일하면 안되겠니? 우리가 함께 만든 회사를 키우는 게 더 중요하잖아."

"빌, 하지만……."

게이츠는 과감히 전화를 끊었습니다. 다시 생각해 보아도, 소프트웨어 개발이든 홍보 활동이든 오로지 마이크로소프트사를 위해서만 일을 하겠다는 결심이 확고했습니다.

시티은행의 컴퓨터 베이직을 손질해 주고 귀가하던 게이츠는 마이크로소프트사의 업무량이 너무 많아졌다는 걸 새삼 깨달았습니다. 아무래도 혼자서는 도저히 일을 처리할 수 없었습니다. 직원이 필요했고 사무실도 구해야 했습니다.

'직원으로 누구를 뽑을까?'

생각을 거듭하던 게이츠는 전화기 앞으로 가 레이크사이드 학교 동기 동창인 마크 맥도날드와 릭 바일랜드를 불렀습니다. 그들은 즉시 앨버커키로 날아왔습니다.

게이츠는 두 팔을 벌려 그들을 맞이했습니다.

"빌, 오랜만이야."

"반가워. 녀석, 벌써 회사를 운영하다니! 네 명성이 아주 자자하더라."

게이츠는 머쓱해졌습니다. 그러나 막상 친구들을 직원으로 채용하려고 불렀지만 아직 이렇다할 사무실조차 없는 형편이었습니다.

"애걔걔!"

"빌, 이 방이 네가 창립한 회사냐?"

"미안하구나. 우선 내 방에서 지내도록 하자."

친구들은 실망하는 눈치가 역력했습니다.

"곧 사무실을 마련할 거야. 날 믿고 그때까지만 참아 줘. 아직 돈은 별로 없지만 우리에겐 기술력도 있고 비전도 있어."

게이츠가 그들을 설득하는 일은 쉬웠습니다. 또 그들은 어렸을 때부터 게이츠와 알고 지낸 친구 사이라 언제든 신뢰할 수 있는 직원들이었습니다.

맥도날드는 자기 아파트에 있는 컴퓨터 단말기로 베이직 8080을 개량하는 작업을 했습니다. 바일랜드 역시 자신의 아파트에 있는 컴퓨터 단말기로 모토로라 6800용 베이직과 코볼을 작성해 나갔습니다.

"그래도 업무량이 넘치네! 어쩌지?"

게이츠의 고민은 계속되었습니다. 그는 낮이면 컴퓨터 회사들을 찾아다니며 베이직 홍보에 매달렸고 밤이면 프로그램 작성에 매달렸습니다. 하지만 계속 증가하는 업무량을 견뎌낼 수 없었습니다. 그러나 그것은 곧 게이츠와 마이크로소프트사에 대한 대중적 인기와 신뢰도가 높아진다는 걸 의미하기도 하여 게이츠로서는 즐거운 비명을 지를 일이기도 했습니다.

"신문에 구인 광고를 내 봐."

맥도날드가 권했습니다.

"훌륭한 프로그래머를 구하는 일이 쉽지 않을 텐데……."

신문에 구인광고를 내자 곧 스물네 살 동갑내기 프로그래머인 앨버트 츄와 스티브 우드가 찾아왔습니다.

게이츠는 그들을 직원으로 채용하고 일을 맡겼습니다.

이번에는 진짜 사무실을 구해야 했습니다. 회사 명성에 맞게끔 큰 사무실을 구해야 했지만 쉽지 않았습니다.

게이츠는 이리저리 돈을 구하여 일단 방 4개짜리 사무실을 임대로 얻었습니다. 직원들에게 맞게 작업실을 꾸미고 나니 마이크로소프트사도 제법 회사다운 면모를 갖출 수 있게 되었습니다.

"빌, 내가 왔어!"

사무실 문을 열고 들어오는 사람은 다름아닌 앨런이었습니다. 게이츠의 끈질긴 요청으로 마침내 MITS사에 사직서를 내고 온 것이었습니다.

"폴, 잘 왔어. 역시 네가 있어야 돼."

"우리 잘 해 보자."

게이츠는 반가운 마음에 앨런과 포옹을 했습니다. 옆에 있던 맥도날드, 바일랜드, 츄, 우드가 뿌듯하게 바라보며 박수를 쳤습니다. 마이크로컴퓨터의 미래에 대한 확고한 신념을 갖은 신세대 젊은이들이 개척자의 마인드로 한 곳에 모인 것입니다.

창립 파티를 여는 내내 그들의 흥분과 열정은 식을 줄 몰랐습니다.

파티를 끝낼 즈음이었습니다. 이제 사장인 게이츠의 결심만 남았습니다. 너무나 오래도록 망설여 왔지만 더 이상 어쩔 수 없다는 걸 알았습니다.

"나 집에 좀 다녀올게."

"지금?"

"응, 앨런도 돌아왔으니 이제 내 결심만 남았잖아."
게이츠는 친구들에게 의미심장한 말을 남기고는 사무실을 나왔습니다.

1976년의 일이었습니다. 게이츠는 비행기를 타고 고향인 시애틀로 날아갔습니다. 비행기 안에서 밤이 지나고 아침 햇살이 밝아오는 걸 보았습니다. 집은 예전 그대로 평화로워 보였고 아침 일찍 일어나신 듯한 어머니가 집안에서 반갑게 뛰어나왔습니다.
 "어머니!"
 "빌, 잘 왔구나! 그 동안 얼마나 네가 보고 싶었는지 모른단다."
어머니는 대문 앞에서 게이츠를 보자마자 와락 껴안았습니다. 게이츠 역시 어머니가 너무나 보고 싶었기에 한동안 어머니를 껴안고 재회의 기쁨을 나누었습니다.
이윽고 게이츠는 집안에 계신 아버지에게로 다가갔습니다.
 "죄송합니다, 아버지."
게이츠의 인기척에도 아버지는 거실 소파에 앉은 채 엄숙한 얼굴을 하고 있었습니다.
 "그래, 이제야 왔구나."
 "네."
 "학교 공부는 착실히 하고 있겠지?"
게이츠는 잠시 고개를 숙이고 있다가 아버지에게로 한 발 다가갔습니다.
 "아버지, 저 법률 공부를 여기서 그만 포기하겠습니다."
 "뭐?"
아버지뿐만 아니라 어머니와 누나 역시 너무 놀라서 입을 연 채 다물 줄 몰랐습니다. 게이츠 스스로 생각해도 너무 충격적인 말이 분명했지만 잠시 주춤거리다가 다시 말을 이었습니다.

"제가 가야 할 길은 누구보다 제가 더 잘 압니다. 그리고 지금 마이크로컴퓨터의 세계가 저를 강력히 부르고 있단 말이에요."

"빌! 부모로서 너무 유감스럽구나."

어머니가 다가서며 안타까워했습니다.

"빌, 마이크로컴퓨터라는 건 아직 그 미래가 확실한 것이 아니잖니? 확실하지도 않은 일에 네 인생을 맡길 수야 없지 않느냐."

아버지는 그동안 게이츠를 보며 똑똑한 아들이라 자부했고 또 게이츠가 자신의 뒤를 이어 법률가의 길을 갈 것이라 믿어 왔었습니다. 그래서 게이츠에 대한 충격과 실망이 더욱 컸습니다. 법률 공부를 포기하다니! 이제는 게이츠가 대학 졸업이나 하게 될 지 걱정스러웠습니다.

그런데 뒤돌아선 아버지에게 게이츠는 더 놀라운 말을 했습니다.

"아버지, 저 하버드도 그만 두겠습니다."

"뭐라고? 자퇴를 하겠다는 말이냐?"

"네. 지금 제가 창립한 마이크로소프트사는 점점 크게 성장하고 있습니다. 달나라를 개척하는 것만큼이나 획기적인 일이 그곳에서 일어나고 있고 그 주인공은 바로 빌 게이츠, 저입니다."

게이츠는 이미 집으로 오면서 자신의 확고히 신념을 굳힌 상태였고, 그 신념을 가족들에게 모두 설명했습니다.

"빌, 정 그렇다면 대학 공부를 모두 마친 후에 해도 되지 않겠니?

"죄송해요 어머니. 그럴 시간이 없어요. 대신 실망시켜 드리지 않을게요. 저를 믿어주세요."

1975년 12월 어느 날, 스물한 살의 빌 게이츠는 안타까워하는 아버지, 어머니, 누나를 뒤로 하고 다시 집을 나섰습니다. 부모님의 기대를 저버린 것에 대한 죄송한 마음이 그의 마음을 짓눌렀지만 이제는 자신의 신념대로 꿈을 향해 나아가는 길만이 남아 있었습니다.

환하게 밝아오는 아침, 집을 나온 빌 게이츠는 마이크로컴퓨터의 세계를 향하여 한 걸음 한 걸음 더 나아갔습니다. 그렇게 시작된 그의 발자국을 따라 컴퓨터로 대표되는 현대 문명은 더욱 놀라운 속도로 발전해 나갔습니다.

11 이후의 빌 게이츠

게이츠는 마이크로소프트사 창업을 위해 세계적인 명문 하버드대학을 입학한지 3년 만에 자퇴했습니다. 1975년의 일입니다. 그 후 그는 곧바로 앨버커키에 있는 회사로 돌아가 밤낮없이 프로그램 작성에만 매달리면서 그것을 실용화시켜 판매하는 일에 많은 노력을 기울였습니다.

학생 신분을 버리고 마이크로소프트사 대표로 우뚝 선 빌 게이츠! 그가 창립한 회사는 1977년 7월에 기존 프로그래밍 언어인 포트란과 코볼, 파스칼을 새롭게 변형한 프로그램 언어를 연달아 내놓으면서 전 세계 마이크로컴퓨터 언어 시장을 지배했습니다. 직원은 고작 13명 뿐이었지만 한 해에 백만 달러를 족히 벌었고 총 자산이 매년 두 배 이상씩 늘어났습니다. 그리고 1979년 한 해에만 백만 카피를 넘기는 베이직 판매로 인해 매출액 2백 50만

달러의 신기록을 세웠습니다.

컴퓨터로 펼쳐질 미래에 대한 확고한 신념을 가지고 거기에 젊은 땀과 열정을 아낌없이 바쳐온 빌 게이츠는 80년대로 접어들면서 그 천재적인 능력을 더욱 유감없이 발휘했습니다.

1981년에 세계 최대의 컴퓨터 생산업체인 IBM은 새로 선보일 16비트형 PC에 쓰일 운영체제를 선택하는데 있어 많은 고민을 했습니다. IBM에게 있어 새 제품은 대단한 야심작으로 당시 운영체제로는 디지털리서치사가 만든 CP/M이 가장 인기가 높았습니다. 따라서 IBM은 자연스럽게 그 운영체제를 새 컴퓨터에 사용하려고 했습니다. 그런데 디지털리서치사가 값을 너무 높게 불렀습니다. 고민에 고민을 거듭하던 IBM은 마음을 바꿔 마이크로소프트사의 빌 게이츠를 불렀습니다. 빌 게이츠로서는 하늘이 내린 최고의 기회였습니다.

개인용 컴퓨터가 대단한 상품이 되리라는 걸 일찌감치 알고 있던 빌 게이츠는 재빨리 시애틀컴퓨터사가 개발해 놓은 Q—DOS(최초의 도스)를 사들였습니다. 당시 프로그램의 사용권과 원 설계도(소스)를 사들이기 위해 게이츠가 투자한 돈은 고작 5만 달러였습니다. 하지만 빌 게이츠는 IBM과 PC 운영체제 공급 계약을 체결하면서 그해 Q-DOS의 단점을 보완한 MS-

DOS 1.0버전을 내놓아 무려 1백만 달러 이상을 벌어들였습니다.

1982년 들어 MS-DOS의 인기가 상승하면서 경쟁 운영체제인 CP/M을 누르고 마이크로컴퓨터 운영체제의 표준으로 자리매김하게 되었고 이것으로 마이크로소프트사는 그 해 1천 90만 달러 이상을 벌어들였습니다.

1982년부터 스프레드시트(계산용 업무용 프로그램)가 본격적으로 등장했는데, 하버드 경영학 석사 과정의 한 학생이 '비지캘크'를 개발하여 대단한 호평을 받았습니다. 그리고 로터스사에서는 '1-2-3'을 개발했습니다. 곧 이어 마이크로소프트사가 '멀티플랜'을 개발했습니다. 그로 인해 세 개의 스프레드시트가 치열한 경쟁을 벌이게 되었는데 미국에서는 1-2-3이 선두를

차지했습니다. 하지만 유럽 지역에서는 마이크로소프트사의 멀티플랜이 단연 압도적인 우세를 보였습니다.

빌 게이츠가 걷는 승리의 길은 1983년을 지나며 더욱 뚜렷해졌습니다. MS-DOS를 장착한 IBM PC가 등장하면서 MS-DOS가 운영체제 시장을 석권하다시피 했습니다. 이제 경쟁 회사라고는 매킨토시 컴퓨터를 생산하는 애플밖에 남지 않았습니다.

그 후 마이크로소프트사는 '워드스타' 라는 워드프로세서를 내놓아 대단한 호평을 받았습니다. 그때나 지금이나 컴퓨터 사용자 대부분이 워드프로세서를 주로 사용하기 때문에 워드프로세서의 개발과 시장 지배 문제는 소프트웨어 개발업체에게 있어 대단히 중요했습니다.

워드스타가 인기를 끌자 곧바로 워드페펙트사가 다시 '워드페펙트'를 내놓았고 그에 자극을 받은 마이크로소프트사는 '워드'를 개발했습니다. 하지만 처음의 '워드'는 경쟁 제품에 밀려 인기를 끌지 못했습니다. 그래서 빌 게이츠는 유럽으로의 진출을 감행했고 그 결과, 프랑스에서 대단한 호평을 받았습니다. 그 후 마이크로소프트사는 '워드 4.0' 버전을 내놓아 경쟁 제품을 모두 물리쳤습니다.

1984년이 되자 로터스사는 통합 패키지 제품인 '재즈'를 내놓았습니다. 그것은 여러 응용프로그램들을 한데 묶어 실행시키는 제품이었습니다. 재즈가 인기를 끄는 가운데 곧 이어 마이크로소프트사의 '엑셀'이 나왔는데, 그 성능의 우수함은 처음부터 재즈를 확실히 제압했습니다.

1985년은 특히 컴퓨터 역사에 길이 남을 해였습니다. 마이크로소프트사가 DOS를 이을 차세대 그래픽 운영체제인 '윈도우즈'를 발표했습니다. 전 세계 언론의 스포트라이트를 받으며 등장한 윈도우즈는 그 탁월한 성능으로 인해 마이크로컴퓨터 운영체제를 확실히 지배하게 되었고 빌 게이츠는 '컴퓨터의 황제'라는 칭호를 듣게 되었습니다.

1986년이 되자 마이크로소프트사는 앨버커키를 떠나 세계의 중심이랄 수 있는 워싱턴 주 레이몬드로 본사를 옮겼습니다. 그런 다음 1987년에는 오래도록 고심해 온 윈도우즈 엑셀을 세상에 내놓았습니다. 이로써 경쟁사인 로터스사를 확실히 누르고 제1의 소프트웨어 회사로 전 세계에 군림하게 되었습니다. 빌 게이츠는 당시 31세의 나이로 억만장자의 반열에 올랐습니다.

1990년대는 단연 컴퓨터 황제 빌 게이츠의 전성기였습니다. 경쟁 상대를 모두 물리쳤을 뿐 아니라 마이크로소프트사의 제품들이 전 세계 컴퓨터 시장을 석권하는 승리의 나날이 계속되었습니다.

1990년, 빌 게이츠는 소프트웨어 역사상 길이 남을 '윈도우즈 3.0'을 발표하는데, 그것은 DOS의 메모리 한계를 뛰어넘어 다중 작업 기능을 강화하고 네트워크 기능까지 포함된 제품이었습니다. 이어 1995년 가을에는 더 한층 다양한 기능의 '윈도우즈 95'를 내놓았습니다. 그 여세를 몰아 1998년 가을에는 '윈도우즈 98'을 내놓았습니다.

빌 게이츠의 행보는 이처럼 거침이 없었습니다. 2000년에는 웹서비스를 위한 닷넷 전략을 발표하고, 2001년에는 윈도우 XP를 출시, 2006년에는 차세대 게임기 엑스박스 360을 출시했습니다. 그리고 2007년에는 차세대 운영 시스템인 '윈도우 비스타'를 출시했습니다.

그런 일련의 과정을 통해 마이크로소프트사의 빌 게이츠 회장은 '컴퓨터 황제'라는 칭호로 불리며 명실 공히 세계 최고의 부자가 되었습니다.

2007년 3월 미국의 경제전문지 포브스가 선정한 '세계의 갑부' 순위에 따르면 당시 게이츠의 총자산은 560억 달러로 무려 1996년부터 2007년까지 11

년 동안 전 세계에서 가장 부자로 자리매김했습니다. 어릴 적부터 빌 게이츠의 절친한 친구이자 마이크로소프트사의 공동 창업자인 폴 앨런 역시 뛰어난 사업가로 활동했습니다. 그 역시 세계 여러 나라에 걸쳐 50여 개의 회사를 경영하였으며 2000년도 세계 부자 3위(1백70억 달러)에 오르기도 했습니다.

그런데 이런 빌 게이츠가 2008년 6월 27일, 돌연 정식으로 은퇴를 선언하고 자선활동에만 전념하겠다고 발표하였습니다.

전부터 사업으로 벌어들인 돈을 사회에 환원하는 일에 앞장섰던 빌게이츠는 부인과 공동으로 '빌&멜린다 게이츠 재단(Bill n Melinda Gates Foudation)'을 세운 후 무려 250억 달러라는 어마어마한 금액을 내놓았은 것을 비롯하여 전 재산의 절반 이상을 사회에 환원했습니다.

지금도 장학재단 설립을 위해서 3,330만 달러에 달하는 기부하는 등, 꾸준히 마이크로소프트사를 통해 벌어들이는 수익의 상당 부분을 재단에 기증하고 있습니다.

컴퓨터 황제 빌게이츠가 갑자기 은퇴를 선언한 것을 보고 많은 사람들이 의아해했습니다. 또 자선활동에만 전념할 것이라는 그의 말을 처음엔 믿지 않는 사람도 많았습니다. 하지만 빌 게이츠는 자선활동이야말로 자신에게 "더 신바람 나고 즐거운 일"이라며 자신의 신념에 따라 행동했습니다 .

빌 게이츠는 자선 활동을 통해 아프리카 난민 지원, 아프리카 및 아시아의 에이즈 퇴치 지원, 아프리카 교육 지원, 빈민 학생들을 위한 장학금 지원, 빈민층 등에 마이크로소프트사 제품 무상지원, 개발도상국의 상, 하수도 지원 사업 등을 하고 있으며 앞으로도 아동전염병 퇴치와 저개발국가 지원에 대한 다양한 구상과 계획들을 가지고 있습니다.

컴퓨터 천재에서 최고의 사업가로 이제는 자선활동가에 이르기까지 그는 매순간 쉬지 않고 꿈을 향해 달리고 있습니다.

2007년, 빌 게이츠에게는 또 하나의 뜻 깊은 일이 있었습니다. 바로 하버드 대학으로부터 명예 졸업장을 받은 것입니다. 이는 지난 1975년, 그가 마이크로소프트사 창업을 위해 자퇴한 지 만 32년 만의 일입니다.

특히 이 날 졸업생들에게 한 빌 게이츠의 연설은 많은 사람들에게 감동을 주었습니다.

"이 자리에 계신 총장님과 교수님들, 부모님들, 특히 이번 졸업생 여러분, 저는 언젠간 학교에 돌아갈 것이고 졸업장을 받을 거라고 항상 말해 왔었습니다.

30년이 지난 지금 명예졸업을 할 수 있게 해주신 학교 측에 감사드립니다. 내년에는 제 직업을 바꿀 예정인데 이제 제 이력서에도 대학졸업학위가 있다는 것은 매우 기분 좋은 일이군요.

저보다 훨씬 빠르게 학위를 취득한 졸업생 여러분들께 박수를 보내며 저에게 이 하버드 중퇴자중 가장 성공한 사람이라고 말씀해주셔서 참으로 행복합니다.

제가 하버드 시절에 대해 기억하는 것은 열정으로 항상 무언가 도전하는 일이었습니다. 비록 저는 일찍 학교를 떠났지만 제가 보낸 하버드 시절과 그 당시 쌓았던 우정, 그리고 그 시절 아이디어들은 고스란히 제 머릿속에 남아 있습니다. 그리고 그것은 놀라운 특권이었습니다.

그런데 지금 생각하면 한 가지 후회스러운 일이 있습니다. 당시 저는 이 세계에 가득찬 지독한 불균형에 대해선 아무 인식 없이 하버드를 떠났습니다. 이곳에서 많은 학문과 사상에 대해서 배웠고 과학이 이룩한 진보들에 대해서도 많은 공부를 하였습니다. 그러나 더 중요한 것은 그러한 발견이 아니라 어떻게 그것들이 기존의 불평등을 해소하도록 하느냐에 달려있었던 것입니다.

우리나라에서는 이미 오래전에 사라진 질병들로 빈곤국의 수백만의 어린이들이 매년 죽어가고 있습니다. 하지만 그들에겐 1달러도 안 되는 금액으로 한 생명을 구할 수 있는 치료약 조차 제대로 전달되고 있지 않습니다. 여기에는 여러 가지 이권이 개입되어 있기 때문입니다.

우리는 모든 생명은 동등한 가치를 가진다고 말하며 믿고 있지만 실제로는 누군가의 생명이 다른 사람들보다 더 가치없게 여겨지고 있습니다.

어떻게 세계가 이렇게 어린이들이 죽어가는 것을 그냥 방치할 수 있을까요? 대답은 간단하고 비정했습니다. 자본주의 시장은 이러한 어린이들을 구하는 행위에 대해 전혀 지원을 하지 않았고 정부 또한 그들을 구제하는 것을 장려하지 않았습니다. 그렇게 해서 소위 시장 내에서 아무런 힘도 없고 목소리도 낼 수 없는 부모를 둔 어린이들은 죽어갈 수 밖에 없는 것입니다.

여기서 우리가 좀더 '창조적인 자본주의'를 발전시킨다면 우리는 시장이 가난한 사람들에게 보다 적극적으로 역할을 하도록 만들 수 있습니다. 적어도 그들의 생계만이라도 유지할 수 있게 해 주고, 최악의 불평등에 시달리고 있는 사람들에게 조금이라도 도움을 주게 하자는 것입니다.

하버드 가족 여러분, 이 캠퍼스는 전 세계에서 모인 인재들의 집합소입니다. 과연 무엇을 위해서일까요?

많은 이들이 전 세계 사람들의 삶을 향상시키기 위해 노력하고 있습니다. 우리도 좀 더 할 수 있지 않을까요? 이 하버드가 하버드라는 이름조차 들어보지도 못한 사람들의 삶을 증진시키는데 우리의 지식을 바쳐야 하지 않을까요?

그런 의미에서 여기 하버드 지식의 리더이신 학장님과 교수님들께 요청합니다. 여러분이 무엇인가를 결정하실 때 과연 우리의 마인드가 세계의 가장 큰 문제를 해결하기 위해 바쳐지고 있는지 스스로 한번 자문해 보시기 바랍니다.

과연 이곳의 학생들이 세계 최악의 불평등을 직시하고 고민하도록 권장하고 있는지? 세계적인 빈곤과 기아, 수질 오염, 학교에 못 가는 여학생들, 또 우리가 치료할 수 있는 질병인데도 불구하고 목숨을 잃은 아이들에 대해 배우고 있는지, 과연 많은 특권을 가진 사람들이 최저의 권리를 가진 사람들의 삶에 대해 배우고 있는지 말입니다.

졸업생 여러분, 여러분들이 하버드를 떠나게 될 때에 여러분들은 우리 세대의 누구도 경험해보지 못한 기술을 가지게 될 것이고 전에는 몰랐던 글로벌한 불평등에 대해 인지하게 될 것입니다. 그리고 여러분들의 매우 작은 노력으로도 그들의 삶을 변화시킬 수 있는데도 돕지 않는다면 그때 여러분은 양심의 소리에 고뇌하게 될 것입니다. 여러분들은 분명 저희 세대보다 많은 것을 가졌습니다. 그러니 빨리 시작하고 오래도록 지속하십시오. 알면서 어떻게 실천하지 않을 수 있겠습니까? 여러분들의 앞날에 행운이 함께 하길 빌겠습니다. 그리고 지금까지 제 얘기를 들어주셔서 감사합니다."

열정을 불태워 자신의 분야에서 최고가 되고, 또 최고의 순간에 그 자리에서 다시 물러난 빌 게이츠. 그가 세계 최고의 부자가 된 것은 그의 열정의 산물이자 부단한 노력의 결과입니다. 그리고 이제 그는 이 사회에 자신이 가진 것들을 나누며 더불어 사는 삶을 실천하고 있습니다. 이것이 바로 빌 게이츠를 우리 시대의 진정한 위인으로 손꼽을 수 있는 이유입니다.

말보다 실제 행동으로서 자신의 꿈을 이루고 우리 앞에 보여준 빌 게이츠. 지금까지 그가 걸어온 길과 더불어 앞으로 걸어갈 모든 길은 제 2의 빌 게이츠를 꿈꾸는 여러분들에게 좋은 모범이 될 것입니다.

어린이를 위한 성공스토리

꿈꾸는 부자 빌게이츠

제1쇄 발행 2009년 1월 8일
제4쇄 발행 2016년 6월 10일

글쓴이 김문기
그린이 전설화
디자인 디자인스퀘어소시에이츠
펴낸곳 열린생각
주소 서울시 중랑구 중화동 284-11 준빌딩 B1
홈페이지 openthinking.co.kr
대표전화 02-2209-0954
팩스 0303-0337-0000
이메일 openbooks@naver.com

등록 1996년 8월 20일
등록번호 제 1-2078호
Copyright©2008 by OpenThiking Publishing
ISBN 978-89-87985-59-6

※잘못 만들어진 책은 교환해 드립니다.